Die Heere der Hussiten

Teil 1: Ausrüstung, Organisation, Einsatz

„Die Feinde aber fürchtet nicht,
und achtet ihre Menge nicht,
traget Gott in eurem Herzen,
wollen für und mit ihm kämpfen,
und vor dem Feinde weichet nicht.

Seid der Losung eingedenk,
die euch ward gegeben,
achtet euren Hauptmann stets,
rettet einander das Leben,
und weiche niemand aus Reih und Glied.

Wegen Raub, aus Gier nach Gold,
lasset euer Leben nicht,
und bei Beute haltet euch nicht auf.“

Aus dem hussitischen Kampflied
„Die da Gottes Streiter sind“

INHALT

Titelbild:
Schlacht bei Aussig, 16. Juni 1426
Ausschnitt, siehe Band 2

Autor : Alexander Querengässer
Zeichnungen: Sascha Lunyakov
Karte: Bernhard Glänzer

Layout & Lektorat: Stefan Müller
Bildbearbeitung: Andreas Krannich

Herausgeber: Zeughaus Verlag GmbH
Knesebeckstr. 88
10623 Berlin

Telefon: 030/315 700 30
Fax: 030/315 700 77
Email: info@zeughausverlag.de
Internet: www.zeughausverlag.de

Printed in European Union, 2024

Bibliografische Informationen der Deutschen Bibliothek
Die Deutsche Bibliothek verzeichnet diese Publikation in der Deutschen Nationalbibliografie; detaillierte bibliografische Daten sind im Internet über http://dnb.ddb.de abrufbar.

ISBN: 978-3-938447-83-3

Zeittafel

1415

6. Juli Verbrennung von Jan Hus in Konstanz.

1419

30. Juli Erster Prager Fenstersturz, Beginn der Hussitischen Revolution.

16. August Tod König Wenzels.

2. Dezember Sieg Jan Žižkas in der Schlacht bei Nekmíř.

1420

17. März Papst Martin V. erlässt eine Kreuzzugsbulle gegen die Hussiten.

25. März Sieg Jan Žižkas in der Schlacht bei Sudoměř.

12. Juni Beginn der Belagerung von Prag durch das Heer des 1. Kreuzzugs unter König Sigismund.

14. Juli Sieg Jan Žižkas in der Schlacht am Vitkov.

28. Juli Sigismund lässt sich zum König von Böhmen krönen.

30. Juli Ende der Belagerung von Prag.

15. September Beginn der Belagerung des Vyšehrad durch die Hussiten.

30. Oktober / 1. November Einnahme des Vyšehrad durch die Hussiten.

1421

16. März Einnahme und Zerstörung Komotaus durch die Taboriten unter Jan Žižka.

5. August Schlacht bei Brüx. Sieg eines meiß-nischen Heeres unter Friedrich dem Streitbaren über die Prager unter Jan Želivský.

September - 2. Oktober Erfolglose Belagerung der Stadt Saatz durch das Heer des 2. Kreuzzugs

21./22. Dezember Schlacht bei Kuttenberg. Sieg Jan Žižkas über das Heer des 2. Kreuzzugs unter König Sigismund.

1422

6. Januar Schlacht bei Nebovidy. Sieg Jan Žižkas über das Heer des 2. Kreuzzugs unter König Sigismund.

8. Januar Schlacht bei Deutsch Brod. Endgültiger Sieg Jan Žižkas über das Heer des 2. Kreuzzugs unter König Sigismund.

7. März Hinrichtung Jan Želivskýs.

17. Mai Sigmund Korybut zieht als Verweser des Königreiches in Prag ein.

Juli - 8. November Vergebliche Belagerung der Burg Karlstein durch die Prager unter Sigismund Korybut. Dritter Kreuzzug als Entsatzaktion für die Burg.

1423

März Sigismund Korybut kehrt nach Litauen zurück.

20. April Schlacht bei Horschitz. Sieg Jan Žižkas über ein Heer des Herrenbundes.

4. August Schlacht bei Strauchov. Sieg Jan Žižkas über ein Heer des Herrenbundes.

1424

7. Juni Schlacht bei Maleschau. Sieg Jan Žižkas über ein Heer des Herrenbundes.

29. Juni Rückkehr Sigismund Korybuts nach Prag.

14. September Frieden von Libeň zwischen Sigismund Korybut und Jan Žižka.

11. Oktober Tod Jan Žižkas.

1426

16. Juni Schlacht bei Aussig. Sieg der vereinten hussitischen Heere über eine sächsische Armee.

1427

25. März Schlacht bei Zwettel. Sieg einer hus-sitischen Armee unter Andreas Prokop über ein österreichisches Heer

4. August Schlacht bei Tachov/Mies. Sieg der vereinten hussitischen Heere unter Andreas Prokop über die Heere des Vierten Kreuzzugs

1429 / 1430

Dezember - Februar 1430 Herrliche Heerfahrt der vereinten hussitischen Heere unter Andreas Prokop nach Sachsen und Franken.

1431

14. August Schlacht bei Taus. Sieg der vereinten hussitischen Heere unter Andreas Prokop über die Heere des Fünften Kreuzzugs.

14. Dezember Eröffnung des Konzils von Basel.

1433

April - September Herrliche Heerfahrt eines Heers der Waisen unter Jan Čapek in den Deutschordensstaat.

31. Mai Kaiserkrönung Sigismunds in Rom.

21. September Schlacht bei Hiltersried. Niederlage eines hussitischen Heeres gegen ein Aufgebot unter Johann von der Pfalz-Neumarkt.

30. November Verabschiedung der Prager Kompaktakten.

1434

30. Mai Schlacht bei Lipan. Niederlage einer Armee der Taboriten und Waisen unter Andreas Prokop gegen ein Heer des Herrenbundes. Tod von Andreas Prokop.

1436

5. Juli Verabschiedung der Iglauer Kompaktakten.

23. August Sigismund zieht in Prag ein und erklärt die Hussitische Revolution für beendet.

1437

9. Dezember Tod Kaiser Sigismunds.

DIE HUSSITISCHE REVOLUTION

Eine Nation und ein Reformator

In den 1420er und 1430er Jahren verbreiteten die Hussiten Angst und Schrecken in Mitteleuropa. Ihren mobilen und kampfstarken Truppen unterlagen auch starke spätmittelalterliche Heere. Doch was löste diese Kriege aus?

Es war eine bemerkenswerte Verkettung sozialer, aber auch religiöser Gründe, die die in sich starke Hussitenbewegung hervor brachte. Die im Hochmittelalter einsetzende städtische Kolonialisierung Böhmens war zunächst vor allem durch deutsche Siedler voran getrieben worden. Innerhalb des Königreiches, das sich seit dem 14. Jahrhundert in den Händen der damals wohl mächtigsten Adelsdynastie der Luxemburger befand, gab es bereits eine starke Trennung zwischen der ländlichen und der städtischen Bevölkerung. Doch unter den Luxemburgern stagnierte der deutsche Siedlerzustrom. Zugleich entwickelte sich eine eigene böhmische Identität, getragen durch Sprache und Kultur, was zu einer frühen Ausprägung nationalen Selbstbewusstseins führte. Höfische Literatur, bisher von der deutschen Sprache dominiert, und auch religiöse Schriften, fast ausschließlich in Latein verfasst, wurden nun vermehrt ins Böhmische übertragen. Diese Übersetzungen erfolgten überwiegend durch den böhmischen Klerus, der dadurch Träger des neuen sozionationalen Selbstbewusstseins wurde und gleichzeitig einen eigenen neuen Zugriff auf religiöse Fragen entwickelte.[1]

Der böhmische Anteil in den Städten wuchs an, der niedere Adel drängte in die von Kaiser Karl gegründete Prager Universität. Nach dem Studium übernahmen viele junge Böhmen kirchliche Ämter. Die Deutschen im Land wurden dadurch zunehmend isoliert und reagierten mit Neid und Missgunst.[2]

Das böhmische Nationalbewusstsein erhielt unter Karls Sohn Wenzel einen neuen Auftrieb. Wenzel, der kaum Aussichten hatte zum römischen Kaiser gewählt zu werden, hatte 1394 mit einer starken Adelsopposition im Lande zu kämpfen. Zwar konnte er sich zunächst behaupten, doch seine Position in Böhmen wurde immer schwächer. 1401 zog ein meißnisches Heer unter Markgraf Wilhelm I. nach Prag und belagerte die Stadt mit einem böhmischen Rebellenheer. Da sich die Adelsopposition jedoch mit Wenzel einigen konnte, wurden die Meißner wieder zum Abzug gezwungen, hinterließen allerdings bittere Rachegefühle bei der böhmischen Bevölkerung.[3]

Unabhängig von diesen sozialen Umwälzungen und doch eng damit verknüpft, entwickelten sich im ausgehenden 14. Jahrhundert in Böhmen erste Ideen zur Reformierung der Kirche. Das Große Abendländische Schisma (zeitweilige Spaltung innerhalb der lateinischen Kirche), welches dazu führte, dass die Gläubigen mit ihrem Zehnten zwei sich anfeindende Papsthöfe finanzieren mussten, die überall allgegenwertige Simonie (der Kauf bzw. Verkauf kirchlicher Ämter), die selbst vor den einst asketisch veranlagten Bettelorden nicht Halt machte, dies alles stellte die Glaubwürdigkeit der Kirche stark in Frage.

Ein erster Kritiker der gegenwärtigen Verhältnisse war der 1384 verstorbene englische Philosoph John Wyclif. Er lehnte die Verehrung von Heiligen, Reliquien und Bildern ab und kritisierte auch das Zölibat. Sein härtester Vorwurf richtete sich gegen die Autorität des Papstes, die er nicht anerkannte. Nach Wyclif sollten sich die Gläubigen allein auf die Bibel berufen. Obwohl seine Schriften 1382 in England verboten wurden, fanden sie weite Verbreitung in ganz Europa. Besonders aufmerksame Studenten saßen in der Universität von Prag. Einer davon war Johannes („Jan“) Hus, der um 1398 durch seinen Kommilitonen Hieronymus von Prag mit Wyclifs Arbeiten vertraut gemacht worden war. Bereits vier Jahre später war Hus Professor für Theologie und Dekan der Universität. Er begann in Tschechisch zu predigen und äußerte sich zunehmend kritisch gegenüber dem Reichtum der Kirche. Beeinflusst von Wyclifs Schriften erklärte er die Bibel zur einzigen Instanz in Glaubensfragen, womit auch er die Autorität des Papstes als diesbezüglich bisher letzte Instanz herausforderte. Von symbolischer Bedeutung war die Einforderung der Kommunion beiderlei Gestalt. Zu dieser Zeit war es üblich, dass beim Abendmahl nur die Priester den Wein tranken und dem Rest der Gemeinde lediglich die Hostie gereicht wurde. Hus forderte - allerdings erst kurz vor seinem Tod - dass alle am Blut Christi Teil haben sollten. Weil dieses in einem Kelch gereicht wurde, begann man seine Anhänger auch als Kalixtiner (vom lateinischen calix=Kelch) oder auch Utraquisten (vom lateinischen sub ultraque parte= in beiderlei Gestalt) zu nennen.[4]

1408 wurde Hus daher vom Prager Erzbischof vom Amt als Synodalprediger enthoben. Er setzte seine Arbeit jedoch im Verbotenen fort. Der Erzbischof erwirkte daher 1410 von Alexander V., einem der drei (!!!) Päpste, eine Bulle, die Wyclifs Schriften und ihre Verbreitung verbot. Dies ermöglichte es ihm schließlich, Jan Hus als Ketzer anzuklagen. Der Reformator wurde mit dem Kirchenbann belegt und 1411 aus Prag verwiesen, was zu ersten Unruhen in der Stadt führte. Doch die hohe Popularität der Husschen Ideen führte dazu, dass auch König Wenzel ihm seinen Schutz gewährte, sodass er seine Lehren weiter in Böhmen verbreiten konnte. 1414 wurden Wyclifs Lehren auf dem Konzil von Konstanz erneut verboten. Um die Krone Böhmens von dem Vorwurf zu befreien, Häretiker zu unterstützen, lud König Sigismund Hus unter der Zusage freien Geleits nach Konstanz ein. Da er jedoch nicht zum Widerruf seiner Lehren bewegt werden konnte, wurde er am 6. Juli 1415 als Häretiker zum Feuertod verurteilt und am selben Nachmittag verbrannt.[5]

Das Scheitern der Reformbemühungen Jan Hus, die denen früherer, aber auch späterer Reformatoren, wie Martin Luther, nicht unähnlich waren, wird oftmals mit der zu geringen Mediasierung Europas um 1400 begründet. Luther konnte seine Lehren mit Hilfe des modernen Buchdrucks viel besser verbreiten, heißt es. Tatsächlich stellen die Bemühungen

1 *Vgl.: Palacký: Der Hussitenkrieg 1419-1431, S. 4-21; Šmahel: Hussitische Revolution I, S. 85-716; Seibt: Die Hussitische Revolution, S. 80-82; Seibt: Entwicklung der Böhmischen Staatlichkeit, S. 139-151.*

2 *Vgl.: Hilsch: Johannes Hus, S. 60-103; Palacký: Der Hussitenkrieg 1419-1431, S. 38-46; Šmahel: Hussitische Revolution II, S. 717-877; Seibt: Die Hussitische Revolution, S. 82-87.*

3 *Vgl.: Tresp: Die Belagerung von Prag 1401, S. 45-50.*

4 *Vgl.: Šmahel: Hussitische Revolution II, S. 878-917; Rieder: Die Hussiten, S. 21-50; Macek: Revolutionäre Bewegung, S. 28-36; Seibt: Die Hussitische Revolution, S. 85-87.*

5 *Vgl.: Hilsch: Johannes Hus, S. 30-53; Rieder: Die Hussiten, S. 51-87; Macek: Revolutionäre Bewegung, S. 37-42.*

von Jan Hus jedoch ein rein böhmisches Problem dar. Allein durch die Konflikte mit der deutschen Bevölkerung im Land wurden auch kirchenreformatorische Bemühungen, die das Predigen in tschechischer Sprache beinhalteten, zu einem nationalen Phänomen, das wenig Aussichten auf eine weitere Verbreitung etwa im Reich hatte. Es wäre auch falsch, die hussitische Bewegung als bäuerlich-bürgerliches Phänomen abzutun, wie dies in sozialistischen Zeiten geschah. Dieser These widerspricht allein der Umstand, dass 452 Grafen, Herren und Ritter seinerzeit eine Protestnote gegen die Verhaftung des Reformators unterzeichnet hatten. Nach der Verbrennung des Reformators breiteten sich seine Ideen noch stärker im Land aus, wobei neben den theologischen Ansätzen eines John Wyclif auch waldensisches Ideengut Eingang in die hussitische Theologie bekam. Mittlerweile geht die Forschung davon aus, dass die radikalen Zweige der Bewegung vor allem dort besonders stark aufblühten, wo der waldensische Einfluss am größten gewesen ist, etwa in Tabor.[6]

Dennoch gesellt sich zu der nationalen und der ständischen Komponente der Bewegung noch eine soziale. Die Krisenerscheinungen des 14. Jahrhunderts, die Pestwelle, der Beginn der sogenannten kleinen Eiszeit und der daraus folgende Einbruch der landwirtschaftlichen Produktion führten zu einer wachsenden Verarmung breiter Bevölkerungsschichten. In Böhmen begannen eben diese Schichten, gestützt auf die religiösen Prinzipien von Jan Hus, die geburtsständische Ordnung in Frage zu stellen.[7]

In diesen Ursachen versteckten sich allerdings auch schon die Probleme der späteren Bewegung, denn die Interessen des selbstbewusster agierenden böhmischen Adels standen in krassem Gegensatz zu denen der aufbegehrenden Unterschichten. Während die Stände vor allem ihre Macht gegenüber dem zentralen Königtum stärken wollten, kam es zudem zu Spannungen zwischen den überwiegend deutschen Stadtbürgern und der verarmten bäuerlichen Landbevölkerung.[8]

Der erste Prager Fenstersturz und seine Folgen

In Böhmen herrschte nach wie vor König Wenzel, der die Wahl seines Bruders Sigismund zum römischen König unterstützt hatte und den dieser daher vor den möglichen Folgen einer hussitischen Revolution schützen wollte. Nach der Verbrennung von Jan Hus versuchte Wenzel dessen Anhänger aus den Kirchen- und Staatsämtern zu drängen, womit er ein weiteres Mal die Böhmen gegen sich aufbrachte. Im Februar 1419 ließ er alle utraquistischen Kirchen bis auf drei in Prag schließen. Viele hussitische Priester verließen daraufhin die Hauptstadt und trugen die Bewegung nun auch in andere böhmische Städte.[9]

In Prag verblieb eine Gruppe radikaler Vertreter der Glaubensauslegung. Sie scharten sich um den charismatischen Priester Jan Želivský. Am 30. Juli 1419 stürmte eine erzürnte Gruppe Prager Bürger das Neustädter Rathaus, um dort inhaftierte Glaubensgenossen zu befreien. Dabei stießen sie auf den Bürgermeister, zwei Ratsherren, den Stellvertreter des Richters, fünf Gemeindeälteste und einen Knecht, die sie aus dem Fenster warfen. Die auf dem Karlsplatz zu Fuße des Rathauses versammelte Menge zerhackte die Geschundenen schließlich mit unter den Gewändern versteckten Waffen. Ein weiterer Ratsherr wurde kurz darauf zu Tode gefoltert. König Wenzel geriet über diese Aktion so sehr in Angst, dass er einen Schlaganfall erlitt, an dessen Folgen er am 16. August 1419 verstarb.[10]

Der Tod Wenzels verschlimmerte die Krise noch mehr, denn seinen Bruder Sigismund, der seinerzeit Jan Hus das freie Geleit nach Konstanz zugesichert hatte, wollten die Hussiten erst recht nicht als König anerkennen. In Prag stürmten die Anhänger des Reformators mehrere Kirchen und versuchten sie der Kelchkommunion zu unterwerfen. Etliche Gotteshäuser gingen in Flammen auf. Die Rebellen profitierten von dem Umstand, dass Sigismund, der gerade ein großes Heer gerüstet hatte, dieses vorerst für einen Feldzug gegen die Türken in Ungarn und nicht gegen sie einsetzen wollte. Stattdessen sollte seine Frau Barbara von Cilli vorrübergehend die Regentschaft übernehmen.[11]

Der von Sigismund als Stütze der Regentin eingesetzte oberste Burggraf Čeněk von Wartenberg ließ die böhmischen Stände zu einem Landtag zusammenrufen. Auf diesen Einrichtungen konnte der Adel vor allem seine Forderungen an den neuen König stellen. Doch die Hussiten nutzten den Landtag, um von Sigismund Religionsfreiheit für sich einzufordern. Er sollte die Kommunion in beiderlei Gestalt erlauben, das Anprangern der Utraquisten als Ketzer verbieten und sich beim Papst für die Gestattung des Laienkelches stark machen. Dazu kam eine Reihe von Forderungen, die eine Änderung der Landesverwaltung zugunsten der böhmischen Volksgruppe betrafen. Sigismunds Antwort war vorsichtig und zurückhaltend formuliert. Er wollte seine Herrschaft in der Tradition der Regierung seines Vaters Karls IV. fortsetzen.[12]

Böhmen begann sich zu spalten. Die katholische Kirche verlor rasch an Boden. Ihre letzten Stützen waren die immer noch stark von Deutschen durchsetzten Städte im Norden, an den Hängen des Erzgebirges, von Eger bis Leitmeritz. Die Masse der böhmischen Hussiten verfolgte sehr gemäßigte Ziele. Die sogenannten Kalixtiner (Kelchbrüder) waren durchaus bereit Sigismund als König und auch die Oberhoheit der katholischen Kirche anzuerkennen. Sie verlangten allerdings Toleranz gegenüber den Ideen von Jan Hus. Das Zentrum der Kalixtiner war Prag und der von Sigismund bestellte Čeněk von Wartenberg zunächst einer ihrer wichtigsten Vertreter. Dagegen bildete sich direkt nach dem Prager Fenstersturz ein radikaler Flügel der Bewegung, der Verhandlungen mit dem König ablehnte, weil er von deren Erfolglosigkeit überzeugt war. Dieser Flügel hatte sein Zentrum in der Prager Neustadt und wurde von Jan Želivský angeführt. Seine Partei wollte in religiösen Fragen nur die Bibel anerkennen und lehnte damit die Autorität des Papstes ab. Dieses Prinzip sollte dazu führen, dass sich die Radikalen bald in etliche

6 *Vgl.: Šmahel: Hussitische Revolution II, S. 930-932; Seibt: Die Hussitische Revolution, S. 86-89; Machilek: Hussiten in Franken, S. 22; Berger: Kampfkraft der Hussiten, S. 100.*

7 *Vgl.: Kroener: Kriegswesen, S. 9.*

8 *Vgl.: Kroener: Kriegswesen, S. 9.*

9 *Vgl.: Šmahel: Hussitische Revolution II, S. 941-950; Rieder: Die Hussiten, S. 88-94.*

10 *Vgl.: Palacký: Der Hussitenkrieg 1419-1431, S. 47-50; Šmahel: Hussitische Revolution, S. 1002-1020; Rieder: Die Hussiten, S. 94-99.*

11 *Vgl.: Palacký: Der Hussitenkrieg 1419-1431, S. 49-53; Rieder: Die Hussiten, S. 99-102.*

12 *Vgl.: Palacký: Der Hussitenkrieg 1419-1431, S. 52-54.*

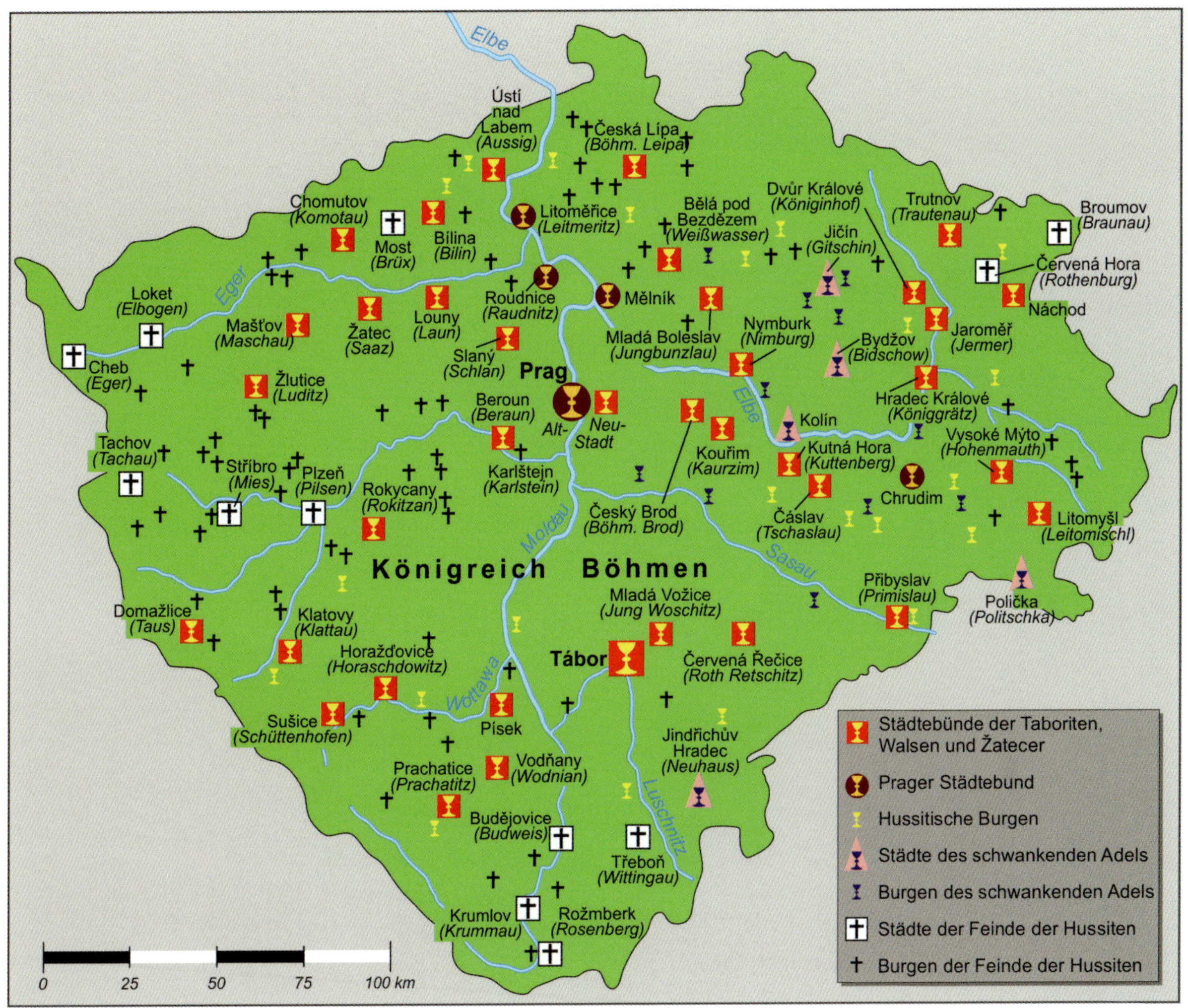

Gruppen aufspalteten, ebenso wie einhundert Jahre später die Protestanten. Die wichtigste radikale Hussitengruppierung sollten die Taboriten werden.[13]

Die Taboriten sammelten sich seit dem 22. Juli 1419 auf einem Bergrücken, etwa siebzig Kilometer südwestlich von Prag. Ihren Namen leiteten sie von einer Episode aus dem Matthäusevangelium (17,1-2) ab, in welcher Jesus auf einem Berg vor einer großen Gemeinde predigt. Die Böhmen vermuteten, dass es sich dabei um den Berg Tabor handelte. Durch diese Bergpredigten verbreiteten sich bald über das ganze Königreich die Ideen der radikalen Priester, die die nahende Apokalypse vorhersagten. Die Taborbewegung hatte vor allem auf die breite Landbevölkerung eine große Anziehungskraft.[14]

Überall im Land bewaffneten sich hussitische Volksmassen. In Pilsen, dass schon seit 1417 ein Zentrum radikalen Hussitentums war, wurde eine Armee aufgestellt, deren erste Führer der radikale Mönch Václav Koranda und der bereits kriegserfahrene Niederadlige Jan Žižka von Trocnov waren. Žižka war bereits einer der Rädelsführer beim Prager Fenstersturz gewesen. Im Laufe des Herbst 1419 wandten er und Nikolaus von Hus sich an die Gelehrten der Prager Universität, mit der Frage, ob Krieg für die Befreiung des

13 *Vgl.: Palacký: Der Hussitenkrieg 1419-1431, S. 56-59; Šmahel: Hussitische Revolution, S. 1021-1040*

14 *Vgl.: Seibt: Tabor, S. 175-178; Palacký: Der Hussitenkrieg 1419-1431, S. 61-64; Šmahel: Hussitische Revolution, S. 1037-1070.*

Friedrich Herzog zu Sachsen und Katherina
Das Sächsische Stammbuch, Blatt 80r, 1546 erschienen

Zikmund Lucemburský (Sigismund von Luxemnourg)
Sohn Kaiser Karls IV. und Stiefbruder
Wenzels von Luxemburg.
Zeichnung von Johannes Hartlieb

Wort Gottes ein legitimes Mittel sei. Die Antwort der Magister lautete, dass es legitim sei, den Glauben mit der Waffe zu verteidigen, nicht aber das Evangelium mit dem Schwert zu verbreiten. Žižka sollte sich ein Leben lang an diese Forderung halten. Inzwischen hatten jedoch die Regentin und Čeněk von Wartenberg militärisch wichtige Punkte in Prag besetzen und ausbauen lassen, was besonders die den Taboriten nahe stehenden Neustädter sehr verärgerte. Am 25. Oktober überrumpelte eine kleine Schar Hussiten um Žižka die Besatzung des alten Burgberges Vyšehrad. Als infolgedessen Anfang November die Landbevölkerung zu einer Versammlung nach Prag zusammenkommen wollte, wurde sie in kleinen Gruppen von den königstreuen Baronen immer wieder attackiert. Nur die Hussiten aus dem Westen des Landes, aus Pilsen, waren vorher gewarnt worden und zogen in großer Masse in Richtung auf die Hauptstadt. Als sie Knien erreichten, traf ein Bote mit dem Hilfeersuchen einer Gruppe der Stadt Austi ein. Doch noch bevor die Pilsner sich mit dieser Abteilung verbinden konnten, wurde sie von 1.300 Rittern unter Peter von Sternberg aufgerieben. Nachdem die Pilsner Gruppe aus Knien Verstärkungen erhielt, zogen sich die Ritter jedoch vom Schlachtfeld zurück. Sobald die Nachricht vom Gefecht bei Knien Prag erreichte, sammelten sich die empörten böhmischen Bürger um Nikolaus von Hus und Jan Žižka. Beide beschlossen, die Prager Kleinseite zu stürmen und führten ihre Haufen unter dem Feuer der königlichen Geschütze über die Karlsbrücke. Nach einem langen blutigen Gefecht gelang es ihnen, die gesamte Altstadtseite bis auf die Burg in ihre Hand zu bekommen. Doch die Kämpfe wurden noch mehrere Tage fortgesetzt. Erst am 13. November konnte ein fünfmonatiger Waffenstillstand abgeschlossen werden. Da Žižka und etliche Radikale gegen die darin verabredeten Kompromisse zwischen den Pragern und der Königin waren, verließ Žižka Prag, zog nach Westen und kehrte nach Pilsen zurück.[15]

15 *Vgl.: Palacký: Der Hussitenkrieg 1419-1431, S. 65-73.*

Žižka ließ alle Katholiken aus Pilsen vertreiben und versuchte die Stadt zu einer ersten Festung sowie Basis der Bewegung auszubauen. Die Friedensangebote der Königin lehnte er beharrlich ab. In der Gegend um Pilsen war sein kleines Heer immer wieder in Kämpfe verwickelt. Als eine etwa 400 Mann starke hussitische Armee im Dezember zu der Stadt zurückkehren wollte, wurde sie etwa 17 Kilometer nordwestlich bei Nekmíř von einer 2.000 Mann starken kaiserlichen Reiterarmee unter Bohuslav von Schwanberg überraschend angegriffen. Doch die Aufständischen formten aus sieben mitgeführten Wagen eine Wagenburg und nahmen die berittenen Ritter unter ein heftiges Feuer aus schweren Büchsen. Die Hussiten konnten alle Angriffe abwehren. Als die Rebellen in der Nacht weiter zogen, wurden sie noch durch drei weitere königliche Garnisonen überfallen, ehe sie Pilsen erreichten. Nekmíř markiert den Beginn der hussitischen Kriegsführung.[16]

Diese ersten Erfolge der Hussiten schienen König Sigismund noch keine größeren Sorgen zu bereiten. Zu Weihnachten 1419 war er von seinem wenig erfolgreichen Türkenfeldzug ins mährische Brünn zurückgekehrt. Hier huldigten ihm die Utraquisten der Markgrafschaft und aus Prag. Nur der Westen Böhmens schien ernsthaft im Aufruhr begriffen.[17]

Doch südlich von Prag entstand bereits ein neues hussitisches Zentrum. Die alte Stadt Austi, die von einer Reihe teilweise verfallener Burgen umgeben war, fiel am 21. Februar 1420 in die Hände der Hussiten. Innerhalb kürzester Zeit strömten hunderte der Bewegung nahe stehende Bauern in die Stadt. Da sie jedoch schwer zu verteidigen war, zogen sie in die kleine nahe gelegene Stadt Hradiště. Hier gründeten die Hussiten ein neues religiöses Zentrum, das bald Verstärkung durch einige von Žižkas Männern aus Pilsen erhielt. Dessen Besatzung war nun jedoch so geschwächt, dass Žižka die Stadt selbst am 20. März verlassen musste. Pilsen wurde den Katholiken zurück gegeben und bildete in den folgenden Jahren ein Bollwerk gegen das böhmische Ketzertum. Auf seinem Marsch nach Süden wurde Žižka, der nur über etwa 400 Mann und zwölf Wagen verfügte, am 25. März bei Sudoměř von einem königlichen Heer von angeblich 5.000 Rittern angegriffen. Der geschickte Taktiker Žižka formierte seine mitgeführten Wagen zu einer provisorischen Verteidigungslinie zwischen zwei Fischteichen. Außerdem führten die Hussiten einige Geschütze mit sich. Auf diese Weise gelang es ihnen den königlichen Ansturm mit schweren Verlusten zurückzuschlagen. Bei dem Versuch einen der ausgetrockneten Seen zu durchwaten, musste eine Angriffsgruppe sogar von ihren Pferden absitzen und wurde ebenfalls geschlagen. Am nächsten Tag zogen die Hussiten nach Tabor weiter. In den folgenden Monaten versuchte Žižka den Einflussbereich der „Taboriten", wie sich der radikale Flügel der Bewegung bald nennen sollte, im Umland auszudehnen.[18]

16 Vgl.: Palacký: *Der Hussitenkrieg 1419-1431, S. 80-83;* Turnbull: *Hussite Wars, S. 24-33;* Tresp: *Söldner aus Böhmen, S. 24;* Durdík: *Hussitisches Heerwesen, S. 196-199.*

17 Vgl.: Palacký: *Der Hussitenkrieg 1419-1431, S. 75-77.*

18 Vgl.: Palacký: *Der Hussitenkrieg 1419-1431, S. 83-89;* Turnbull: *Hussite Wars, S. 33;* Stöller: *Österreich im Kriege gegen die Hussiten, S. 7-8.*

DAS HUSSITISCHE HEERWESEN

Grundpfeiler der Armee

Die ersten hussitischen Heere setzten sich vor allem aus den Aufgeboten der von den Ketzern dominierten Städte zusammen. Deren Beitrag bestand aus Bürgermilizen oder auch in Söldnern. Hussitisch gesinnte Adlige und ihre Knechte stellten die Reiterei und warben hierfür ebenfalls Söldner an. Der niedere böhmische Adel hatte zudem selbst Erfahrungen im Kriegswesen, denn während der Herrschaft der Luxemburger stellte der Dienst als Söldner für viele die einzige Einnahmemöglichkeit dar. Auf diese Weise sammelten sie Kriegserfahrungen in den kleinen Fehden im Reich, dem großen Krieg zwischen dem Deutschen Orden und Polen oder den Türkenkreuzzügen des ungarischen König Sigismund.[19]

Die Masse der Freiwilligen, die sich um diesen kriegserprobten oder zumindest waffengeübten Kern scharrten, waren jedoch Bauern und Stadtbürger, die keinerlei Erfahrung im Heeresdienst besaßen. Jedes Mitglied der Bruderschaft eines Feldheeres musste beim Eintritt in den Kriegsdienst sein persönliches Vermögen der Gemeinde überlassen.[20]

In Bezug auf die soziale Zusammensetzung waren die hussitischen Heere womöglich die heterogensten, die das mittelalterliche Europa gesehen hat. Adlige und Bauern, Söldner und Freiwillige kämpften Seite an Seite. Alle verfolgten jedoch eigene soziale und wirtschaftliche Interessen. Um daraus eine disziplinierte Armee zu schmieden, bedurfte es einer Kriegsordnung, die vor allem die Religion als größten gemeinsamen Motivationsfaktor bemühte.[21]

Theologische Rechtfertigung

Obwohl Krieg und Gewalt im Mittelalter allgegenwertig waren, stellte der bewaffnete Konflikt zwischen Christen stets eine gewisse theologische Herausforderung dar. Für die Kreuzzugsheere war dies kaum problematisch, da die Hussiten, wie vor ihnen bereits die Albigenser, Katharer und Waldenser, als Ketzer gebrandmarkt waren und der Kampf gegen sie sogar einen *bellum sacrum* – einen Heiligen Krieg darstellte, wie Papst Martin V. 1421 deutlich machte.[22]

Auch an der Prager Universität wurde heftig über das Wesen des gerechten Krieges debattiert. John Wyclifs Werke bildeten in diesem Fall die theologische Grundlage. Unter dem Eindruck der Thesen des Engländers entstand die Schrift Bellandi materiaam des Magisters Jan von Příbram. Die Schrift wurde im Herbst 1419 verfasst, als Čeněk von Wartenberg den Hradschin besetzte. Allerdings ordnen sich selbst Příbrams Thesen zum gerechten Krieg in eine viel ältere Debatte ein. Wyclif bezog sich nämlich in seiner Schrift direkt auf Thomas von Aquin und seine drei Gründe für den gerechten Krieg, auctoritas principis – causa justa und intencio recta, also die legale Autorität, den gerechten Grund und die aufrichtige Absicht. Nun war die Hussitische Bewegung zwar vor allem auch gegen die Herrschaft des böhmischen Königs gerichtet. Die Prager Theologen leiteten allerdings

19 Vgl.: Kroener: *Kriegswesen, S. 9-10.*

20 Vgl.: Berger: *Kampfkraft der Hussiten, S. 103-104;* Tresp: *Söldner aus Böhmen, S. 24-25.*

21 Vgl.: Kroener: *Kriegswesen, S. 10.*

22 Vgl.: Bleicher: *Das Herzogtum Niederbayern, S. 84.*

die legale Autorität direkt von Gott ab. Als Papst Martin zum Kreuzzug aufrief, erklärten die Prager Magister den Krieg zur Verteidigung des wahren Glaubens nicht nur für gerecht, sondern auch zur Pflicht. Mit dem Auftreten der taboritischen Bewegung nahm der Kampf gegen die antihussitische Bewegung apokalyptische Züge an. Die taboritischen Priester erklärten, dass es für Rechtgläubige eine Pflicht sei, Gottes Gesetze und auch seine Rache auf Erden durchzusetzen. Daraus entwickelte sich eine Aufforderung, alle Ungläubigen zu töten, was jedoch die utraquistischen Theologen, wie Příbram strikt ablehnten. Der Priester Martin, genannt Loquis (Sprachgewaltiger), verfasste zusammen mit Johannes Jičín, Koranda und anderen Priestern 19 Artikel. Sie glaubten, dass die Rückkehr Christi unmittelbar bevorstehe, das diese Zeit aber keine Zeit der Gnade, sondern der Rache sein würde. Der Chronist Laurentius berichtet über diese Artikel: *„5 Weiter: In dieser Zeit der Rache müssen alle Städte, Dörfer und Burgen verwüstet, zerstört und verbrannt werden, weil nicht mehr weder Gott der Herr noch sonst jemand in sie eintreten wird. 6 Weiter (sagten sie), daß die Taboritenbrüder in dieser Zeit der Rache die Engel sind, die geschickt wurden, um die Gläubigen aus allen Städten, Dörfern und Burgen auf die Berge hinauszuführen wie den Lot von Sodom und daß die Brüder mit ihren Anhängern jener Leib sind, bei dem sich, wo immer er auch sein wird, auch die Adler sammeln werden. Sie nämlich sind das von Gott über die ganze Welt geschickte Heer zur Beseitigung aller Ärgernisse vom Reich Christi, das die streitende Kirche ist, zur Vertreibung der Bösen aus der Mitte der Gerechten und zur Ausübung der Rache und der Plagen über die Nationen der Feinde des Gesetzes Christi und ihre Städte, Dörfer und Bollwerke.“*[23]

Diese Frage nach dem gerechten Krieg bildete nur einen der vielen Streitpunkte zwischen gemäßigten und radikalen Hussiten, defacto wurzelte ihre theologische Rechtfertigung zur Kriegführung jedoch auf den Thesen der gleichen Kirchentheoretiker, auf die sich auch die Kreuzritter beriefen.[24]

Žižkas Kriegsordnung

Grundlegend wichtig für den Zusammenhalt der hussitischen Armeen war ihr hohes Maß an Disziplin, was sie von hoch- und spätmittelalterlichen Heeren deutlich unterschied. 1420 erließen die Taboriten eine erste chiliastisch geprägte Kriegsordnung. Nachdem Jan Žižka 1423 zu den Orebiten überwechselte, entwickelte er daraus eine eigene moralische und taktische Ordnung. Die Kriegsordnung Žižkas ist eine direkte Weiterentwicklung der Ordnung von 1420.[25]

Die Kriegsordnung von 1423 bestand aus zwei Teilen. Der erste enthielt eine Liste von Verboten. Die Krieger Gottes sollten generell jedes Unrecht meiden, sich im Kampf nicht von Furcht übermannen lassen, sondern ihre Positionen in der Ordnung halten und sie sollten *„sich hüten, feindliche Beute zu fordern, bevor sie nicht den Kampf beendet haben.“*[26] Sowie der Kampf beendet und die Beute gemacht war, sollte diese der Gemeinheit zur Verfügung stehen und niemand aus Gier etwas zurück behalten. Ein entscheidender Faktor, der zur Disziplinlosigkeit von Ritterheeren beitrug, war die individuelle Beutelust. Die Hussiten verboten diese Art der Selbstbereicherung unter Androhung des Ausschlusses und erhofften so die Gefechtsdisziplin zu bewahren. Beute, die nach dem Kampf auf dem Schlachtfeld gefunden wurde, sollte der Gemeinschaft zur Verfügung stehen.[27]

Der siebte Artikel mahnt zur gewissenhaften Prüfung der ins Heer aufzunehmenden Kämpfer und der achte warnt diese davor, sich des Ruhmes wegen aus der Schlachtlinie zu entfernen. Der zweite Teil beschäftigt sich mit der religiösen und moralischen Verfassung des Heeres. Die Krieger sollten gottesfürchtig sein und ihren gewählten Führern Gehorsam leisten.[28]

Desweiteren beinhaltete die Kriegsordnung strikte Regularien für das Verhalten auf dem Marsch, im Gefecht und auf dem Wachdienst, da darin ein Grundpfeiler für militärische Erfolge gesehen wurde. So sollte im Marsch eine geschlossene Ordnung eingehalten werden und die Truppen auch im Quartier zusammen bleiben. Die im Marsch einzuhaltende Ordnung wird detailliert geschildert.

„Zank, Geschrei und Händel“[29] waren im Heer untersagt und daher wurde außerdem festgelegt: *„Auch wollen wir unter uns nicht dulden solche, die ungetreu und ungehorsam sind, die Lügner, Diebe, Würfelspieler, Plünderer, Betrunkene und Schmähbuben, Unzüchtige und Ehebrecher, gleichwie unzüchtige und ehebrecherische Frauen und alle offenkundigen Sünder und Sünderinnen.“*[30] Glücksspiel, Trunkenheit und vor allem die im Heer mitgeführten Frauen wurden also als Bedrohungsfaktoren für die Disziplin wahr genommen. Als besonders schwerwiegendes Verbrechen wurden auch Desertation oder die eigene Bereicherung an der Beute angesehen. Die Strafen waren drastisch und *„so soll er, wenn er ergriffen wird, er sei Fürst, Herr, Ritter, Knappe, Bürger, Handwerker, Fronsmann oder irgendein anderer Mensch, an seinem Halse und an seinem Hab und Gut gerichtet werden, so wie es einem ungetreuen Schurken geschieht, der sich von der Sache Gottes und der getreuen Brüder aus dem Heeres stiehlt, wo immer das Heer steht oder liegt.“*[31] Der Passus verdeutlicht vor allem auch das egalitäre Prinzip, dem die Mitglieder der orebitischen Armee, ob Adliger, Bürger oder Bauer unterworfen waren. Desweiteren stellte die Kriegsordnung auch einen religiösen Verhaltenskodex dar und schrieb die Form der Gebete im Lager und christliches Verhalten im Kampf genau vor. Žižka verband diese beiden Elemente. Wer gegen die militärische Disziplin verstieß oder gar desertierte, galt gleichzeitig als Glaubensabtrünniger, ein Vergehen, dass mit dem Tode bestraft werden sollte.[32]

Interessant sowohl für die Frage, wie die Kriegsordnungen von 1420 und 1423 in der Realität umgesetzt, als auch, wie diese weiter entwickelt wurden, sind die Kriegsinstruktionen des Jan Hájek von Hodětín. Deren Herkunft war in der böhmischen Forschung lange Zeit umstritten. Im einleitenden Teil der Ordnung wird darauf hingewiesen, das Hodětín 1413 von König Wenzel mit der Niederschrift seiner Ordnung beauftragt wurde. Einige tschechische Forscher akzeptierten

23 *Zit.: Laurentius-Chronik, S. 137-138.*

24 *Vgl.: Seibt: Hussitica, S. 16-53.*

25 *Vgl.: Durdík: Hussitisches Heerwesen, S. 55-58; Tresp: Söldner aus Böhmen, S. 25.*

26 *Zit.: Durdík: Hussitisches Heerwesen, S. 56.*

27 *Vgl.: Tresp: Söldner aus Böhmen, S. 26.*

28 *Vgl.: Durdík: Hussitisches Heerwesen, S. 56-59; Šmahel: Hussitische Revolution II, S. 1297-1298*

29 *Zit.: Durdík: Hussitisches Heerwesen, S. 64.*

30 *Zit.: Durdík: Hussitisches Heerwesen, S. 64.*

31 *Zit.: Durdík: Hussitisches Heerwesen, S. 65.*

32 *Vgl.: Tresp: Söldner aus Böhmen, S. 25-26.*

Eberhard Windecke (um 1380- 1440/41) verfasste in den 1430er Jahren eine Chronik über das Leben Kaiser Sigismunds. Die reichhaltigen Illustrationen liefern aufschlussreiche Kenntnisse über die Bewaffnung und Ausrüstungen der Heere in der Hussitenzeit.

dies,[33] andere behaupteten, sie sei erst nach der Hussitenzeit verfasst worden.[34] Wieder andere sehen in der überlieferten Quelle eine Kriegsordnung, die ihre Wurzeln im Jahr 1413 hatte, aber unter den Eindrücken späterer Erfahrungen ständig weiter entwickelt wurde.

Hodětíns Instruktionen sind die umfangreichsten ihrer Zeit. Sie umfassen allein sieben Artikel, die sich mit der inneren Ordnung des Heeres beschäftigen, fünf mit der Marschordnung, je einer mit dem Wachdienst und dem Gehorsam und vier, und das war ein Novum, mit der Funktion von Heeresschreibern. Interessant, und das macht ihre Datierung schwierig, sind zwei Artikel über die Ausrüstung von Heerwagen und die Instandhaltung von Straßen. Gerade der zweite Punkt, der ein infrastrukturelles Problem thematisiert, verweist auf eine Zeit, in der Kriegswagen bereits umfassend genutzt wurden. Anscheinend hatten mangelnde Wege oft zu Problemen beim Vormarsch hussitischer Armeen geführt, weswegen dieser Artikel womöglich später aufgenommen wurde.[35]

Ein weiterer Artikel über das Verhalten im Feindesland verweist darauf, dass die Instruktionen womöglich erst um 1430 entstanden. In diesem Zusammenhang ist auch ein Artikel über das Verhalten gegenüber Frauen sehr interessant. Sie sollten nach Möglichkeiten geschont werden und waren vor Vergewaltigung geschützt. Das dieser Artikel in einer späten hussitischen Kriegsordnung Aufnahme fand ist ein Indiz dafür, dass die Hauptleute in diesem Punkt schwere Defizite in der Disziplin ihrer Krieger wahr genommen hatten.

Nicht unterschätzt werden darf in diesem Zusammenhang auch die Bedeutung volksnahen Liedgutes. Das Stück *„Die ihr Gottes Streiter seid“*, trug vielleicht noch mehr dazu bei, die durch Žižkas Kriegsordnungen angestrebten Ideale in den Köpfen der einfachen Kämpfer zu verankern, als die Artikel selbst. In einer einprägsamen Reimform fasste es die wesentlichen Inhalte, Furchtlosigkeit gegenüber dem Feind, Frömmigkeit, Gehorsam, Disziplin und das Verbot nach Beutemachen aus Gier zusammen. Die Entstehung des Liedes ist nicht geklärt. Manch einer behauptet, es sei von Žižka selbst verfasst worden.[36]

Der hussitische Kampfwagen

Ein zentrales Element hussitischer Kriegsführung war der Kriegswagen. Die Notwendigkeit, eine große Menge einfacher Bauern in die Heere zu integrieren, die vielleicht noch Sensen, Dreschflegel, mitunter sogar Armbrüste und Schwerter mitbrachten, führte zu einer sehr defensiv ausgerichteten Taktik der hussitischen Heere, denn anders war den gut gepanzerten Reiterarmeen des Spätmittelalters nicht beizukommen.[37]

Der Kriegswagen war zu Beginn des Krieges ein simples Provisorium. Zunächst verwendeten die Hussiten einfache Bauernwagen, die dem Transport von Waffen und Verpflegung dienten und beim Angriff zu einer Wagenburg zusammengefahren wurden. Daraus wurden dann verbesserte, den Kriegszwecken angepasste Typen entwickelt. Diese besaßen eine einheitliche Länge, Radgröße und Achsbreite und gehörten damit wahrscheinlich zu den ersten massengefertigten militärischen Gefährten des Mittelalters.[38]

Die Räder der Wagen waren eisenbeschlagen. Auf einer Seite befand sich eine herunterklappbare Rampe, die den Zugang zum Wagen ermöglichte. Über die Rampe konnten im Gefecht auch Soldaten mit geladenen Waffen ins Innere gelangen, denn das Nachladen sowohl von Armbrüsten, als auch Büchsen war eine zeitaufwendige Angelegenheit. Die Seitenwände der Kriegswagen waren so hoch, dass sich die Schützen bequem aufstützen konnten. Auf der (Außen-) Seite konnte mitunter dagegen nochmals eine Plankenreihe herunter gelassen werden. Diese doppelte Beplankung sollte die Durchschlagskraft von Geschossen vermindern. Andere Abbildungen zeigen Wagen mit einer Brustwehr, in der sich dreieckige Schießscharten für die Schützen befanden. Zwischen den Achsen befand sich ebenfalls ein herunter klappbarer Balken, der verhindern sollte, dass angreifende Soldaten unter den Wagen hindurch krochen. Zeitgenössische Abbildungen zeigen diese Balken des öfteren mit dreieckigen Schießscharten. Es ist also denkbar, dass sich auch hier Schützen positionierten. Im Inneren des Wagens befand sich ein Behälter zur Aufbewahrung schwerer Feldsteine, der einfachsten Waffe zur Abwehr angreifender Ritter und Fußsoldaten. Der Wagen hatte für die Hussiten eine wichtige psychologische Funktion, vermittelte er doch als mobile Feldbefestigung den schlecht bewaffneten Fußtruppen ein Gefühl von Schutz und Sicherheit gegenüber den gut ausgerüsteten Reitertruppen der Kreuzfahrer.[39]

Eine typische Wagenmannschaft bestand aus zwei Pferdeknechten, acht Büchsen- oder Armbrustschützen, zwei Pavese-Schild-Knechten, die die Lücken zwischen den Wagen zustellen sollten, sowie acht mit Spießen, Sensen oder Kriegsflegeln bewaffnete *„Fleglern“*. Gezogen wurden die schweren Gefährte von lediglich vier Pferden.[40]

Besonders bei den Wagenbesatzungen fanden Handbüchsenschützen breite Verwendung. Die ersten mittelalterlichen Handbüchsen waren noch sehr primitive Waffen. Es handelte sich bei ihnen um sogenannte „Stangenbüchsen“. Das böhmische Wort für Stangenbüchsen pístala (was eigentlich „Pfeife“ bedeutete und die Form der Waffe beschreibt, im Deutschen wurden sie auch „Pfeifenbüchsen“ genannt), hat sich bis heute als Begriff für Faustfeuerwaffen erhalten.[41] Eine 1898 bei Tabor gefundene Büchse besteht lediglich aus einem 42 cm langen Stahlrohr mit einem Kaliber von 17 mm. Am Ende des Rohres befindet sich eine Vertiefung, in die ein

33 *Darunter Tomek: Jan Žižka und Palacký: Der Hussitenkrieg 1419-1431, S. 368.*

34 *Hierzu zählen Toman: Das hussitische Kriegswesen, S. 421-429, Durdík: Hussitisches Heerwesen, S. 73-74; auch der deutsche Forscher Hans Delbrück übernimmt diese Variante, vgl.: Delbrück: Geschichte der Kriegskunst, S. 562-563.*

35 *Vgl.: Durdík: Hussitisches Heerwesen, S. 72.*

36 *Vgl.: Palacký: Der Hussitenkrieg 1419-1431, S. 363; Durdík: Hussitisches Heerwesen, S. 61.*

37 *Vgl.: Durdík: Hussitisches Heerwesen, S. 145-147; Tresp: Söldner aus Böhmen, S. 27; Berger: Kampfkraft der Hussiten, S. 105-107.*

38 *Vgl.: Tresp: Söldner aus Böhmen, S. 27; Delbrück: Geschichte der Kriegskunst, S. 565-566; Berger: Kampfkraft der Hussiten, S. 107.*

39 *Vgl.: Kroener: Kriegswesen, S. 11; Turnbull: Hussite Wars, S. 33-34; Delbrück: Geschichte der Kriegskunst, S. 556-557.*

40 *Vgl.: Tresp: Söldner aus Böhmen, S. 27-28; Delbrück: Geschichte der Kriegskunst, S. 556-557.*

41 *Vgl.: Lugs: Handfeuerwaffen I, S. 14; Turnbull: Hussite Wars, S. 35.*

Ein hussitischer Büchsenschütze
Er trägt eine Stabbüchse, wie sie bei Tabor gefunden wurde. Die Kugeln führt er in dem Beutel an seinem Gürtel mit sich.

Darstellung von Büchsenschützen bei Windecke
Auf beiden Abbildungen halten die Schützen ihre Büchse mit beiden Händen.
Es ist daher nicht ganz klar, wie diese gezündet werden.

simpler runder Holzstab als Schaft eingelassen werden kann. Beim Schießen wurde dieser Schaft, wie eine Lanze unter die Achsel geklemmt. Zielen war also gar nicht möglich.

Andere Versionen bestehen aus einem kürzeren Feuerrohr, das lediglich mit einigen Metallbändern auf einen hölzernen Schaft gebunden wurde. Unter der Mündung war ein eiserner Haken angeschmiedet, der auf einen Wagenrand, eine Mauer oder eine Pavese gesetzt werden konnte und den Rückstoß mildern sollte. Daher konnte der Schütze das Schaftende auch auf die Schulter legen und zumindest grob über das Rohr sein Ziel anpeilen. Zeitgenössische Abbildungen zeigen des öfteren, dass diese Waffen von zwei Männern bedient wurden, einem der „zielt" und einem, der die Lunte ans Zündloch hält. [42]

Die Handbüchsen konnten entweder im Stabring- oder im Gussverfahren hergestellt werden (mehr dazu im Kapitel über die Artillerie). Ein wesentlicher Vorteil bestand darin, dass diese Herstellungsverfahren kostengünstiger waren als die von Armbrüsten.[43]

Die ersten Handbüchsen wurden mit glühenden Eisenstäben, sogenannten Loseisen (in einigen Quellen werden sie sehr passend als „Pengeisen" bezeichnet) gezündet. Diese waren rechtwinklig gebogen und am Ende traubenförmig ausgeformt. Um Schießpulver entzünden zu können, musste die Spitze des Eisens wenigstens 170°C heiß sein. Dies bedeutete allerdings, dass das Eisen selbst dem Schützen beim Laden hinderlich war. Außerdem erkaltet Eisen sehr schnell, sodass die Schützen nahe eines Glutbeckens stehen mussten. Da beim Zünden eine enorme Stichflamme aus dem Zündloch schlug, musste die Waffe zudem vom Gesicht weg gehalten werden.

Im 15. Jahrhundert begann sich die Lunte zunehmend durchzusetzen. Ihre Handhabung war einfacher und gefahrloser, als die des Eisenstabes, und sie konnte länger benutzt werden. Die Lunten wurden in Kaliumchlorat getränkt, damit sie nicht brannten, sondern lediglich glimmten.[44]

Die Kugeln wurden bereits im Spätmittelalter überwiegend aus Blei hergestellt und entweder gegossen oder aus einem größeren Bleiklotz heraus geschnitten. Da das Metall sehr weich ist und sich ohnehin während des Ladens und beim Abfeuern verformt, wurde auf eine gleichmäßige Ausformung der Geschosse wenig Wert gelegt.[45]

Kugeln und Pulver führten die Männer in separaten Pulverbeuteln mit sich. Auch die Ladestöcke wurden direkt am Mann und noch nicht an der Waffe getragen.[46]

Für das „Anschlagen" dieser Waffen zeigen mittelalterliche Bilderschriften diverse Möglichkeiten. Am häufigsten wird der Anschlag mit dem auf der rechten Schulter ruhenden Schaft gezeigt. Dabei hält der rechte Arm den Schaft meist nahe der Schulter, der linke ist weiter ausgestreckt. Dadurch, dass beide Arme die Büchse halten, konnte der Rückstoß besser aufgefangen werden. Der Anschlag ermöglicht ein vergleichsweise genaues „Zielen" (wobei die frühen Stangenbüchsen durch ihre kurzen Rohre sehr unpräzise waren). Allerdings war ein zweiter Mann zum Zünden der Ladung notwendig. Auf den hussitischen Wagen ist es allerdings denkbar, dass der linke Arm für das Führen einer Lunte frei war, weil die Büchse auf dem Wagenrand oder einer Schießscharte abgesetzt werden konnte.

Eine andere Variante zeigt ebenfalls das Auflegen des Büchsenschaftes auf einer Schulter, ein Arm hält die Büchse lang, der andere Arm zündet die Ladung. Auf diese Art konnte zwar ebenfalls recht präzise gezielt werden, allerdings war der Schießaufbau nicht sehr stabil und erlaubte auch kein sicheres Auffangen des Rückstoßes. In Kyesers *Bellifortis* wird außerdem ein Mann gezeigt, der eine große Stabbüchse auf einer Stange abstützt und den Schaft mit beiden Händen

42 *Vgl.: Lugs: Handfeuerwaffen I, S. 14; Turnbull: Hussite Wars, S. 35-36.*

43 *Vgl.: Schmidtchen: Kriegswesen, S. 207-208.*

44 *Vgl.: Dolínek/Durdík: Historische Waffen, S. 181; Lugs: Handfeuerwaffen I, S. 14-15; Turnbull: Hussite Wars, S. 35; McLachlan: Medieval Handgonnes, S. 30.*

45 *Vgl.: Schmidtchen: Kriegswesen, S. 208.*

46 *Vgl.: Lugs: Handfeuerwaffen I, S. 15.*

festhält, während er in das Zündloch bläst. Diese Illustration ist in sich nicht ganz schlüssig. Wer zündete die Büchse? Ein zweiter Mann? Oder der Schütze, der dafür eine Hand vom Schaft nehmen müsste?[47]

Weit verbreitet scheint auch der Anschlag unter der Achsel gewesen zu sein. Dabei klemmte der angewinkelte rechte Arm den Schaft an den Körper, der linke Arm hielt die Büchse lang. Der Rückstoß wurde hierbei sehr gut aufgefangen, die Waffe konnte frei stehend bedient werden. Allerdings war es nur möglich die Büchse grob auf das Ziel auszurichten. Auch das Zünden war nicht ganz unproblematisch, denn um die Lunte, oder den Stab mit der rechten Hand zu zünden, musste die Büchse sehr kurz gefasst werden, da sie der rechte Arm ansonsten nicht richtig einklemmen konnte. In einer Variante dieses Anschlags griff der rechte Arm die Büchse daher etwas weiter vorn, sodass die linke Hand zum Zünden frei blieb. Dies wiederum schränkte die Stabilität des Anschlags ein.

Eine andere Möglichkeit des freien Anschlags bedurfte eines zweiten Mannes zum Zünden der Waffe. Der Büchsenhalter konnte dann den Schaft mit einer Hand kurz nahe seiner Hüfte packen und sie mit dem langen Arm ausrichten. Historische Abbildungen zeigen diese Variante mitunter, wenn höher gelegene Ziele anvisiert wurden.

Ein Anlegen mit in die Schulter gezogenem Schaft, wie er von modernen Gewehren bekannt ist, ist durch zeitgenössische Bildquellen nicht überliefert und wegen der Beschaffenheit der Waffen auch schwer möglich. Es ist jedoch denkbar, dass die Büchsen, die nicht auf einen Stab gesteckt sondern auf einen echten Schaft gebunden waren, von den Wagenbesatzungen so gehandhabt wurden, indem sie die Waffe auf den Wagenrand oder die Schießscharte legten, diese wie eine spätere Musketengabel verwendeten und den Schaft in die Schulter zogen.

Wie bereits erwähnt, gab es für das Zünden zwei nahe liegende Möglichkeiten. Entweder der Schütze führte Lunte oder Zündstab selbst zum Zündloch oder ein Helfer tat dies. In Konrad Kyesers „Bellifortis“ wird jedoch bereits eine Stabbüchse mit Hebelzündung gezeigt. Dabei wird eine einfache Z-förmige Stange durch den Holzschaft geleitet. Die eine Gabel hält die Lunte über das Zündloch, die andere dient als Abzug. Das Prinzip ähnelt dem Abzug einer Armbrust. Dadurch kann die Waffe bequem unter der Achsel eingeklemmt und gezündet werden, ohne dass der Schütze Gefahr läuft, sich durch hochspritzende Funken aus dem Zündloch selbst zu verbrennen.

Moderne Versuche haben gezeigt, dass diese frühen Büchsen es in Bezug auf Reichweite durchaus mit Bögen und Armbrüsten aufnehmen konnten. Abhängig von der Pulverqualität verschossen sie ihre Kugeln auf 600 bis sogar 950 Meter. Dafür war die Zielgenauigkeit sehr begrenzt. Auf 25 Meter Entfernung trafen acht von zehn Schuss ein mannshohes Ziel. Auch im Bezug auf die Durchschlagskraft lag die effektive Reichweite bei höchstens 50 Metern.[48] Es ist jedenfalls unsinnig, das Verschwinden des gepanzerten Ritters nur auf die Einführung von Feuerwaffen zurückzuführen. Das klassische Rittertum erlebte im 15. Jahrhundert eine letzte Blüte. Sein gleichzeitig einsetzender Untergang ist vor allem auf die heute von Forschern sogenannte „Infanterie Revolution“ zurück zuführen.

Verschiedene Darstellungen von Büchsen in Johannes Hartliebs Kriegsbuch

Oben: Eine Büchse mit klassischer Zündung durch ein Loheisen.
Unten: Die Darstellung einer Stabbüchse.

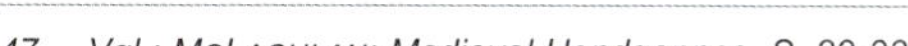

47 Vgl.: *McLachlan: Medieval Handgonnes, S. 29-33.*
48 Vgl.: *Schmidtchen: Kriegswesen, S. 210.*

Das Fußvolk

Ein großer Teil der hussitischen Heere rekrutierte sich aus städtischen Aufgeboten oder der Bauernschaft, auch wenn der Anteil bezahlter Söldner im Laufe des Krieges ständig zunahm. Es waren vor allem sozial niedere Schichten, Handwerksgesellen und verarmte Bauern, die die Reihen der Feldheere auffüllten. Auch die Ausrüstung der Soldaten verbesserte sich ständig aufgrund der umfangreichen Beute, die den Feldheeren fast jedes Jahr zufiel. Dennoch bildete der Gambeson, das Steppwams, vermutlich das am weitesten verbreitete Rüstungsstück. Er bestand aus mehreren Lagen vernähter Leinwand, die mit Stoffresten, Flachs und Rohbaumwolle gefüttert waren und damit einen recht guten Schutz vor Schwertern und auch stumpfen Waffen boten.

Auch die einfache Bekleidung wandelte sich in der Gotik sehr stark. Das weite Leinenhemd änderte sich zwar im Mittelalter sehr wenig, dafür wurde die Bruche, die lange Unterhose, kürzer und reichte nun nur noch bis an die Knie. An der Bruche waren auch die Beinlinge angenestelt, die nach wie vor aus zwei separaten Beinröhren bestanden. Diese konnten von Fall zu Fall wie ein moderner Strumpf in einen Fußling auslaufen. Als Oberkleid hatte sich der wollene Cotta durchgesetzt, der wie das Hemd über den Kopf gezogen wurde und bis an die Knie reichte. Der Korpus war etwas weiter und wurde bei der einfachen Bevölkerung so gefertigt, dass möglichst wenig Verschnitt entstand. Die Ärmel wurden hingegen zu den Gelenken hin enger und dort mit kleinen zuknöpfbaren Schlitzen versehen.

Diese Detailstudie aus dem Jena Codex zeigt eine hussitische Marschkolonne. Die Kriegsflegel sind sehr gut zu erkennen.

Sowohl das normale Fußvolk, als auch die Wagenbesatzungen verwendeten eine große Menge verschiedener Stangenwaffen, wie Hellebarde, Spieße und Morgensterne. Von besonderer Bedeutung waren Gleven, mit deren Widerhaken die Wagenbesatzungen Reiter aus dem Sattel ziehen konnten. Außerdem wurde eine größere Menge von Dreschflegeln, die die Bauern mit in den Dienst gebracht hatten, zu „Kriegsflegeln" mit eisernen Dornen umgearbeitet. Im 15. Jahrhundert fand diese Waffe dank der Hussiten weite Verbreitung. Zusammen mit Kriegswagen wurden bald auch im Reich „Fleger-Trupps" eingeführt. Ein erhaltenes Original eines Kriegsflegels in Prag besteht lediglich aus einer langen Stange mit vier schweren Ketten am Kopf, wobei das letzte Kettenglied als großer Ring ausgeführt ist. Dieses Modell wird auch als „Skorpion" bezeichnet.[49] Viele der provisorischen Waffen gab es schon vor der Hussitenzeit, so auch die Kriegssense. Diese gab es in verschiedenen Ausführungen, entweder mit scharf gebogener Klinge, wie bei einer Handsichel, oder mit dem nur leicht geschwungenen Blatt echter Sensen, die jedoch gerade auf den Schaft aufgesetzt wurden. Die Gleve oder Helmbarte ist möglicherweise eine Weiterentwicklung dieser improvisierten Waffen.[50]

Rekonstruktion eines Kriegsflegels im Hussitenmuseum Tabor
Husitské muzeum, Tábor

Bei den traditionellen Stangenwaffen gewann besonders der „Ahlspieß" unter den böhmischen Söldnern große Beliebtheit. Dieser besaß eine lange, schmale Stoßklinge mit quadratischem Querschnitt und einen Teller ("Brechscheibe"), der ein zu tiefes Eindringen der Waffe in den Körper des Gegners verhindern sollte.[51]

Der erfolgreiche Einsatz großer Mengen von Fußtruppen, die in dichten Formationen und mit Spießen bewaffnet im Spätmittelalter nach und nach die Oberhand über die Ritterheere des Hochmittelaltes gewannen, wird heute als

49 *Vgl.: Dolínek/Durdík: Historische Waffen, S. 151-152. Durdík: Hussitisches Heerwesen, S. 112; Berger: Kampfkraft der Hussiten, S. 107; Demmin: Die Kriegswaffen, S. 444-445.*

50 *Vgl.: Demmin: Die Kriegswaffen, S. 447-451.*

51 *Vgl.: Boeheim: Waffenkunde, S. 315-316; Dolínek/Durdík: Historische Waffen, S. 135-138.*

Verschiedene hussitische Stangenwaffen
Ganz links zwei einfache Kriegssensen, um Reiter aus dem Sattel zu ziehen, ein Kettenmorgenstern und ein Kriegsflegel für Fußtruppen, daneben eine Kriegsgabel, die aus einer einfachen Heugabel entwickelt wurde, sowie eine dornenbewehrte Keule mit Spieß.

Darstellungen von Morgensternen und Keulen in Eberhard Windekes „Geschichte Kaiser Sigismunds“.

„Revolution der Infanterie“ bezeichnet. Solche Entwicklungen lassen sich in Schottland (Schlacht bei Bannockburn, 1316), Flandern, der Schweiz und eben in Böhmen beobachten.[52] Anders als bei den westeuropäischen Fußtruppen verfügten die Böhmen jedoch über relativ kurze Stangenwaffen mit einer Schaftlänge von höchstens 2 bis 2,5 m Länge. Dadurch konnte das böhmische Fußvolk keine igelähnlichen Gewalthaufen bilden, wie die Schweizer oder Schotten. Das Fußvolk war in der ersten Phase der Schlacht auf den Schutz der Wagenburg angewiesen. Insofern lieferte das hussitische Heerwesen nur bedingt einen Beitrag zur „Revolution der Infanterie“.

Auch das Schwert fand bei den Fußtruppen breite Verwendung. Selbst einfache böhmische Bauern besaßen solche Waffen bereits. Die Schwerter folgten immer noch der traditionellen mittelalterlichen Kreuzform mit rundlichem Knauf. Die Klingen verjüngten sich meistens von der Angel bis zur Spitze.[53] Ein spezielles böhmisches Stichwaffenmodell war der „Kord“, eine Frühform des Degens mit schmaler Klinge.[54]

Obwohl die Hussiten breiten Gebrauch von Handbüchsen machten, war die Armbrust unter ihren Schützen immer noch wesentlich stärker verbreitet. Auf eine Handbüchse kamen etwa 3 bis 4 Armbrüste.

Nach den meisten überlieferten Abbildungen verwendeten die Hussiten meist einfache Armbrüste, bei denen die Sehne mit einem Haken am Gürtel festgehalten, der Fuß in einen Ring am Boden geschoben und die Waffe dann durch das Durchtreten des Beines beziehungsweise das Strecken der Hüfte gespannt wurde. Eine andere Möglichkeit bestand in der Verwendung eines Geißfußes, eines zweiteiligen Hebels, der zwischen Sehne und Bogen eingesetzt und dann durchgedrückt wurde, bis die Sehne in die Nuss rutschte. Die damals aufkommenden Spannwinden waren zwar schon bekannt, sind aber auf den zeitgenössischen Darstellungen seltener zu sehen. Die Arme bestanden überwiegend aus Kompositmaterial, Holz, Knochen und Tiersehnen. Im frühen 15. Jahrhundert kamen zwar die ersten Stahlbögen auf, allerdings stand man dieser Neuerung in Mittel- und Osteuropa sehr reserviert gegenüber. Stahlbögen konnten bei Kälte brechen, während die Kompositbögen bei niedrigen Temperaturen sogar noch an Leistungsfähigkeit hinzu gewannen.[55] Der Bogen, den die Engländer zur gleichen Zeit im Hundertjährigen Krieg mit großem Erfolg einsetzten, spielte wie erwähnt im mitteldeutschen Raum als Kriegswaffe nur noch eine untergeordnete Rolle. Dabei war dessen Schussleistung viermal so hoch wie die einer Armbrust. Während ein geübter Bogenschütze etwa 12 Pfeile pro Minute von der Sehne schnellen lassen konnte, schaffte ein kräftiger Armbrustschütze gerade einmal drei.[56]

Allerdings erforderte die Handhabung des Bogens viel Übung. In England gab es eine große Tradition im Bogenschießen der wehrfähigen Bevölkerung auf dem Kontinent nicht. Daher setzte sich die vergleichsweise

52 *Vgl.: Nicholson: Medieval Warfare, S. 58.*

53 *Vgl.: Dolínek/Durdík: Historische Waffen, S. 30-35.*

54 *Vgl.: Durdík: Hussitisches Heerwesen, S. 112.*

55 *Vgl.: Dolínek/Durdík: Historische Waffen, S. 173-174; Durdík: Hussitisches Heerwesen, S.110-11; Turnbull: Hussite Wars, S. 23.*

56 *Vgl.: Schmidtchen: Kriegswesen, S. 176.*

Ein einfacher hussitischer Bauernsoldat 1419.
Zu seinem Schutz trägt er lediglich einen Gambeson. Bewaffnet ist er mit einem Kriegsflegel und einem Dolch.

anspruchslose Armbrust hier ebenso zügig durch, wie die Büchse. Beide Waffen konnten auch von wenig geübten Schützen innerhalb kurzer Zeit sicher gehandhabt werden.

Im Vergleich zur Büchsenmunition waren Armbrustbolzen sehr teuer. Der Preis für drei Bolzen entsprach etwa dem von einem Pfund Blei, aus dem circa 24 Kugeln gefertigt werden konnten. Der Grund lag in der aufwendigen Herstellung. Ein Bolzen bestand aus drei Teilen: der eisernen Spitze mit meist rhombenförmigen Querschnitt, dem hölzernen Schaft und den beiden Holz-oder Lederfedern, die dem Geschoss Stabilität verleihen sollten. Konnte ein Büchsenschütze seine Kugeln zur Not selber gießen oder schneiden, so gab es für die Herstellung von Bolzen eine eigene Berufsgruppe: den Pfeilsticker.[57]

Eine andere, antike Waffe, welche die Hussiten vor allem in der Frühphase verwendeten, war die einfache Schleuder. Hussitische Schleuderschützen begegnen uns in Berichten über die Schlacht bei Sudoměř oder die Belagerung der Stadt Prachatic.[58]

An Schutzwaffen verfügten die Hussiten ebenfalls über ein sehr breites Arsenal, welches sicherlich durch die vielfältige Kriegsbeute im Laufe der Zeit erheblich verbessert wurde. Das einfache Fußvolk bevorzugte als Helm diverse Formen des Eisenhutes, der einen guten Schutz gegen Schwerthiebe von oben gewährleistete, oder die einfacheren Beckenhauben, „Barben" genannt, die eng am Schädel ansaßen. Der relativ einfach herzustellende Eisenhut wurde vermutlich während der Kreuzzüge von den Byzantinern übernommen. Seine breite Krempe bot dem Fußsoldaten zusätzlich guten Schutz gegen Schläge von oben aber auch vor der Sonne.

Einen vergleichsweise einfachen Helmtyp, der sowohl bei der Reiterei, als auch den Fußtruppen Verwendung fand, stellte die deutsche Beckenhaube dar, die sich im 14. Jahrhundert aus der einfachen Hirnschale entwickelte. Die Beckenhaube schützte Schädeldecke, Ohren und Nacken, ließ aber das Gesicht vollkommen frei.

Aus dem Eisenhut und der Beckenhaube entwickelte sich im frühen 15. Jahrhundert die sogenannte Schaller. Dieser Helmtyp lag enger am Kopf an, lief zum Nacken hin stromlinienförmig und spitz aus. Erhaltene Originale aus der Mitte des 15. Jahrhunderts zeigen die Schaller entweder mit einem

57 *Vgl.: Harmuth: Armbrust, S. 172-174; Bleicher: Das Herzogtum Niederbayern, S. 236-245.*

58 *Vgl.: Palacký: Der Hussitenkrieg 1419-1431, S. 171.*

Links:
Zeitgenössische Darstellungen liefern eine breite Formenvielfalt bei Helmen.
Ganz oben eine Beckenhaube, darunter drei unterschiedliche Typen von Eisenhüten

Helme für Fußsoldaten

Oben: Eine visierlose Beckenhaube, die auch bei Reitern beliebt war.

Mitte und unten: Zwei verschiedene Typen von Eisenhüten.

Visier oder mit einem Sehschlitz. Allerdings bezeugen früher datierte Handschriften, etwa Kyesers „Bellifortis", dass diese Typen sogar schon vor der Hussitenzeit Verwendung fanden. Zum besseren Tragekomfort waren die Helme mit einem mehrlagigen Leinenfutter gepolstert.

Zu den Schutzwaffen zählten auch die Schilde. Eine beliebte Schildform waren die großen Pavesen, Setzschilde, mit denen die Lücken zwischen den Wagenburgen geschlossen werden konnten, oder die kleineren Tartschen, welche als Handschilde genutzt wurden. Beide wurden mit kleinen Holzlatten in Sperrholztechnik gefertigt und anschließend mit Leder überzogenen. Zum Schluß wurden sie oftmals aufwendig bemalt, wobei die Lacke außerdem das Schild wasserdicht machen sollten. Die Pavesen besaßen am Fußende eiserne Dornen, mit denen sie besser im Boden verankert werden konnten. Besonders in Böhmen war die Pavese noch bis ins frühe 16. Jahrhundert hinein weit verbreitet, weswegen später auch der Begriff „hussitische Pavese" in Gebrauch kam. Das Staatswappen der Tschechoslowakischen Republik nahm bewusst Bezug auf diese Legende und hatte die Form einer fünfeckigen Pavese.[59]

Eine noch erhaltene Pavese aus der Hussitenzeit befindet sich in Bilina. Sie zeigt den biblischen König David als Sieger über Goliath. Auf Davids Schild prangt der Kelch. Die Böhmen nahmen sehr oft Bezug auf diese biblische Geschichte, sahen sie sich doch selbst einer scheinbar unüberwindbaren Übermacht gegenüber. Auf den Rand des Schildes sind die Strophen eines Kampfliedes des Predigers Jan Čapek aufgemalt.[60]

59 *Vgl.: Boeheim: Waffenkunde, S. 179-182; Durdík: Hussitisches Heerwesen, S. 114.*

60 *Vgl.: Royt: Hussitische Bildpropaganda, S. 344-345.*

Jan Žizka führt die Feldarmee
Jena-Codex, zwischen 1490 - 1510

Ein hussitischer Armbrustschütze. Die hohe Pavese gibt dem Schützen beim Spannen der Waffe Deckung. Sie ist sehr schlicht mit dem Kelch, dem Symbol der Bewegung, bemalt. Die Bemalung konnte allerdings auch wesentlich aufwendiger ausfallen. Am Gürtel trägt der Schütze einen Haken, den er zum Spannen der Armbrust benötigt.

Ulrich von Rosenberg gehörte zwar selbst den Utraquisten an, kämpfte aber für König Sigismund gegen die Hussiten. Das Bild zeigt ihn in der typischen Rüstung eines mitteleuropäischen Ritters um 1420. Der Helm ist eine einfache Beckenhaube ohne Visier. Der Körper wird durch einen Lentner geschützt. Dieser bestand aus mehreren Metallplatten, die auf die Innenseite eines Stoff- oder Lederwams genietet wurden. Als Schild führt er eine typische spätmittelalterliche Reitertartsche mit einer Aussparung für die Lanze.

Der Einsatz von Streithämmern wird in zeitgenössischen Handschriften oft abgebildet, wie diese Detailstudien aus der „Geschichte Kaiser Sigismunds“ belegen. Fast immer wird er mit der Spitze nach vorn geführt. Nur im Bild rechts wird die Schlagfläche eingesetzt.

Eine andere Schlagwaffe war der Streithammer, der seinen Ursprung im osteuropäischen Raum hat und dort im 11. Jahrhundert aufkam. Die verschiedenen Namen, die dieser Waffe im 15. Jahrhundert gegeben wurden (Raben-, Falken- oder Habicht-, später auch Papageienschnabel) lassen darauf schließen, dass die Waffe vor allem mit dem spitzen und nicht dem stumpfen Ende geführt wurde. Dies erscheint sinnvoll, denn bei einem kräftig geführten Hieb konnte ein Reiter mit dieser Waffe mühelos jede Rüstung durchschlagen. Natürlich fand auch die Streitaxt als Kriegswaffe nach wie vor Verwendung.[64]

Im Laufe des Mittelalters verlor der Schild als Schutzwaffe des Reiters zunehmend an Bedeutung, was sich vor allem daran zeigt, dass er kleiner wurde. Um 1400 nahmen Schilde eine rechteckige, manchmal fast quadratische, mitunter unten abgerundete Form an. Die oftmals benutzten Reitertartschen, eine handliche Form der Pavese, hatten am oberen rechten Ende tiefe Einkerbungen, in die der Reiter seine Lanze einlegen konnte.[65]

Die Reiterei der Hussiten erfüllte trotz ihrer geringen Stärke nach wie vor wichtige Aufgaben. Auf dem Marsch schwärmten die leicht bewaffneten Reiter aus und bildeten Augen und Ohren der Armee. Teilweise eilten sie den hussitischen Feldheeren mehrere Tagesmärsche voraus. In der Schlacht ermöglichten ausgeruhte berittene Streitkräfte eine ausdauernde Verfolgung des Feindes. Gerade in diesem Stadium des Kampfes fügten die hussitischen Reiter dem Gegner oft schwere Verluste zu.

Darstellung eines Kriegswagens
in Hans Talhofers „Alte Armatur und Ringkunst“ von 1459. Das Bild ist die Kopie einer ähnlichen Darstellungen in Konrad Kyesers „Bellifortis“.

64 *Vgl.: Demmin: Die Kriegswaffen, S. 455-463.*

65 *Vgl.: Boeheim: Waffenkunde, S. 176-177, 181; Durdík: Hussitisches Heerwesen, S. 114-116.*

Im frühen 15. Jahrhundert gewinnt die Hundsgugel unter den Rittern immer mehr an Beliebtheit.

Oben links: Ein Helm mit flach gewölbtem Visier, wie er sich auf vielen zeitgenössischen Abbildungen findet.

Unten: Ein Helm mit spitz zulaufendem Visier, der besonders im deutschen Raum beliebt war,

Diese Detailstudien aus der „Geschichte Kaiser Sigismunds" zeigen verschiedene schwere Geschütze bei Belagerungen. Bei den beiden linken Darstellungen handelt es sich anscheinend um schwerere Versionen von Tarasbüchsen, wie die hölzernen Unterbauten erkennen lassen. Die Zündung mit Hilfe eines Loheisens ist deutlich erkennbar. Auch das dritte Bild zeigt eine

Die Artillerie

Die Armeen der Hussiten waren die ersten, die Geschütze im großen Stil als Feldartillerie verwendeten. Der Ausdruck „Kanone" kommt vom italienischen „canna" (Rohr) und setzte sich in dieser Form im deutschsprachigen Raum erst im 17. Jahrhundert durch. Die spätmittelalterlichen deutschen Begriffe „geschisse" oder „Büchsen" fassen zunächst alle Schwarzpulverwaffen zusammen.[66]

Obwohl man heute in Museen vor allem geschmiedete eiserne Geschütze finden kann, bestand wohl die Masse der hussitischen Artillerie aus Bronzekanonen. Diese wurden jedoch, da das Material sehr kostbar war, später oftmals ein- und umgeschmolzen.[67]

Neben dem Bronzegussverfahren wurden Geschütze im frühen 14. Jahrhundert vor allem im Stabringverfahren hergestellt. Dabei wurden mehrere Eisenstangen ringförmig zusammen gelegt und durch glühende eiserne Bänder zusammengefügt. Beim Abschrecken zogen sich die Bänder zusammen und gaben dem Geschütz seine Festigkeit. Der Vorteil dieses Herstellungsverfahrens bestand darin, dass es nahezu jeder gelernte Schmied anwenden konnte, insofern er das nötige Werkzeug besaß. Das Gießverfahren hingegen erforderte spezielle Erfahrung. Dafür waren die Stabringgeschütze nicht sonderlich stabil. Diese Methode wurde allerdings noch bis ins 16. Jahrhundert verwendet. Auch die Mehrheit der Kanonen der Spanischen Armada waren 1588 in diesem Verfahren gefertigt worden, während die der englischen Schiffe aus gegossener Bronze bestanden.[68]

Für das Bronzegussverfahren wurde zunächst ein Modell im Maßstab 1:1 hergestellt, indem eine Holzstange mit Seilen und Lehm überzogen wurde. Die Oberfläche wurde anschließend geglättet und nach Wunsch mit Verzierungen überzogen. Danach wurde das Modell mit Talg bestrichen. Da die Mündung zu den Schwachstellen jedes Geschützes gehört, wurde beim Modell ein längeres „Überrohr" angebracht, welches später gekürzt wurde. So konnte die Metalldichte bei der fertigen Mündung erhöht werden. Um dieses Modell herum wurde schließlich die eigentliche Gussform gefertigt. Diese bestand aus Lehm und wurde Schicht für Schicht aufgetragen, während das Modell über einem Feuer gedreht wurde, damit die Masse schneller austrocknete. Der Talg schmolz und floss ab und schließlich wurde die Spindel mit den Seilen aus der Gussform heraus gezogen. Diese wurde wieder durch Metallbänder verstärkt und ein „Kerneisen" in der Stärke des späteren Kaliberdurchmessers eingepasst. Erst zum Schluss wurde das Bodenstück des Geschützes eingefügt und die gesamte Gussform eingegraben. Das flüssige Metall wurde eingegossen und nachdem es ausgekühlt war, konnte die Gussform zerschlagen und die Seele sauber ausgebohrt werden. Das Verfahren dauerte mehrere Tage und war sehr

66 *Vgl.: Tresp: Söldner aus Böhmen, S. 28.*
67 *Vgl.: Durdík: Hussitisches Heerwesen, S. 88-89.*
68 *Vgl.: Schmidtchen: Bombarden, Befestigungen, Büchsenmeister, S. 27.*

Kanone auf hölzerner Terrasse, aber auch der Balken zum Auffangen des Rückstoßes ist erkennbar. Bei den beiden Geschützen im Bild rechts handelt es sich dagegen eindeutig um Legestücke, oder Bombarden. Die Verdickung in der Mitte lässt vermuten, dass beide Stücke aus jeweils zwei Teilen bestehen.

aufwendig. Immer wieder kam es vor, dass der Guss ungleichmäßig geriet oder sich Risse bildeten, was die Hersteller jedoch erst am Ende des langwierigen Prozesses bemerkten. Mitunter war die Oberfläche des Geschützes makellos und feine Haarrisse wurden von den Herstellern übersehen. Eine 1407 in München nach diesem Verfahren hergestellte Büchse zerbarst deswegen beim ersten Probeschuss.[69]

Das Artilleriewesen gewann im Laufe der Hussitenkriege derart an Bedeutung, dass die Nachfrage nach erfahrenen Büchsenmachern stieg. Die Herstellung von Kanonen war zu Beginn des 15. Jahrhunderts sehr eng an die Städte gekoppelt, da diese zum einen über die notwendigen hohen finanziellen Mittel verfügten, um diese herstellen zu lassen, als auch über die entsprechenden Fachkräfte. Dies war in Böhmen nicht anders, als im Reich. 1419 gab es in Prag gerade einmal sechs Büchsenmacher, die nicht nur von Aufträgen der Moldaumetropole lebten, sondern auch Bestellungen aus kleineren böhmischen Städten erhielten. Aber auch in Städten wie Jičín oder das durch den Silberbergbau reich gewordene Stříbro wurden zu dieser Zeit bereits Kanonen hergestellt. In den 1420er Jahren tauchen dann erstmals Hinweise über Büchsenmacher in Karlstein, Prachatice, Brüx (Most), Kuttenberg (Kutná Hora) und Znojmo auf. Büchsenmacher waren in Böhmen gut bezahlte Handwerker, die direkt von den Städten bezahlt wurden. In Znojmo erhielten sie ein regelmäßiges Gehalt und einen zusätzlichen Wochenlohn von 14 bis 24 Groschen für die Herstellung bestimmter Geschütze. Daher waren die Städtebündnisse von zentraler Bedeutung für die Versorgung der Feldheere vor allem mit Feuerwaffen. Dem Prager Städtebund gehörten 1421 immerhin 22 Städte an, dem Städtebund der Taboriten und Waisen 1427 sogar 33.[70]

Das am weitesten verbreitete Geschütz in den hussitischen Armeen war die Tarasbüchse (tarasnice). Diese hatten einen langgezogenen Lauf vom 21 bis 29fachen des Kalibers. In der Regel betrug das Kaliber zwischen 40 bis 50 mm, konnte aber durchaus auch 100 mm erreichen. Verschossen diese Kanonen anfangs nur steinerne Kugeln, so begannen die Hussiten auch solche aus Eisen zu schmieden. Ihre wirksame Reichweite betrug etwa 250 bis 300 Meter. Der Name „Tarasbüchse" leitet sich von dem festen Holzbett, der „Tarasse" oder „Terrasse" ab.

Abbildungen aus dem 16. Jahrhundert zeigen, wie sich ein Kanonier beim Abfeuern eines solchen Geschützes auf den hinteren Teil des Rahmens stützt, um den Rückstoß aufzufangen. Wahrscheinlich wurde diese Technik auch im 15. Jahrhundert angewandt. Durch ihr geringes Gewicht

69 *Vgl.:* SCHMIDTCHEN: *Bombarden, Befestigungen, Büchsenmeister, S. 32;* BLEICHER: *Das Herzogtum Niederbayern, S. 211.*

70 *Vgl.:* DURDÍK: *Hussitisches Heerwesen, S. 86-88;* BERGER: *Kampfkraft der Hussiten, S. 102.*

Verschiedene Darstellungen von Haubitzen in Johann Hartliebs „Kriegsbuch“.

Auf allen Abbildungen ist der Dorn zur Höhenverstellung des Rohres gut zu erkennen. Auf der Abbildung oben links verschießt der Büchsenmeister eine Art Kartätsche.

waren sie einfach zu handhaben und bilden somit eine Urform des modernen Feldgeschützes. Allerdings schränkte das kleine Kaliber auch die Effektivität der Tarasbüchsen ein.[71]

Eine bedeutende Innovation stellten die hussitischen Wurfgeschütze (houfnice) dar. Sie zählen zu den ersten Vertretern mobiler Kanonen auf Räderlafetten. In den schriftlichen Quellen tauchen sie zwar erst in den 1440er Jahren auf, Bilddarstellungen zeigen sie schon um 1430, während Chronisten des späten 15. Jahrhunderts behaupten, dass diese Geschütztypen schon in der Schlacht bei Aussig (1426) eingesetzt wurden. Sie hatten einen wesentlich kürzeren Lauf, von dreieinhalb bis vierfacher Kaliberlänge. Heute sind zwar keine solchen Geschütze aus der hussitischen Zeit mehr erhalten, aber ein zeitnah in Österreich entstandenes Stück besaß ein Kaliber von 160 mm. Der Querschnitt der Pulverkammer war dagegen wesentlich kleiner. Die Rohre wurden mit Eisenbändern auf einer hölzernen Bettung befestigt, welche wiederum auf eine zweirädrige Lafette montiert wurden. Am Ende der Bettung befand sich ein Dorn, der eine Höhenverstellung des Geschützes ermöglichte. Aus dem tschechischen Wort houfnice („houf" bezeichnet den Schlachthaufen, also das Ziel der Geschosse) entwickelte sich die Bezeichnung Haubitze.[72] Mit der Entwicklung eines fahrbaren Feldgeschützes leisteten die Hussiten einen wichtigen Schritt in der Weiterentwicklung dieser Waffengattung.[73]

Darüber hinaus verfügten die hussitischen Armeen auch über große Büchsen oder Bombarden für Belagerungen. Dabei handelte es sich um schwere schmiedeeiserne Stücke, die oftmals nur im zerlegten Zustand transportiert werden konnten und erst vor Ort in festen Bettungen montiert wurden. Daher wurden sie auch als „Legestücke" bezeichnet. Um den enormen Rückstoß aufzufangen, wurden Widerlager aus dicken Balken errichtet und die Rohre darin mit Holzkeilen verkeilt. Ihre Reichweite war, nicht zuletzt wegen der kurzen Rohre (ca. dreifaches Kaliber) stark begrenzt. Zwar konnten sie maximale Reichweiten von über tausend Metern erreichen, effektiv waren sie aber höchstens bis fünfhundert Meter.[74]

Bei diesen großen Entfernungen ließ die Wirkung der Bombarden jedoch massiv nach. Die schweren steinernen Kugeln prallten wirkungslos von den Mauern ab. Zu dieser Schwäche trug auch das noch leistungsschwache Pulver bei. Das ideale stöchiometrische Mischungsverhältnis von 6,4 Teilen Salpeter, 1,2 Teilen Kohle und einem Teil Schwefel wurde erst 1597 entdeckt.[75] Das Feuerwerksbuch von 1420 gibt drei verschiedene Mischungsverhältnisse wieder, alle mit einem zu niedrigen Salpeter und zu hohen Schwefelanteil. Beim „gemeinen" Pulver, also dem am häufigsten verwendeten, lag das Verhältnis bei 2 : 0,5 : 1, beim besseren bei 2,5 : 0,5 : 1 und beim starken bei 3 : 0,5 : 1. Immerhin war somit bekannt, dass der entscheidende Leistungssteigerer der Salpeter war.[76]

Versuchten die Büchsenmeister die Pulvermenge zu erhöhen, bestand die Gefahr, dass ihnen die Geschütze zersprangen, was aufgrund der noch nicht ausgereiften Gussverfahren ohnehin schnell geschah. Im frühen 15. Jahrhundert lag das Gewichtsverhältnis von Pulverladung zu Geschoß bei lediglich 1:13. Erst am Ende des Jahrhunderts steigerte es sich auf 1:2. Bis dahin war die Leistungsfähigkeit und –dauer der Geschütze sehr begrenzt. Bei der Belagerung der Burg Karlstein im Jahre 1423 zersprang die große Prager Bombarde „Prazka" nach nur sechs Schuss, die „Jaromirka" nach sieben, während die „Rychlice" immerhin dreißig Schuss abgab, bevor sie zerbarst. Den größten Schaden erlitten die Mauern der Burg dagegen durch konventionelle Wurfgeschütze.[77]

Das Pulver für die Geschütze stellten die böhmischen Städte anscheinend nicht nur selbst her. Wiederholt reisten Händler der Reichsstadt Nürnberg mit ganzen Wagenladungen in die Städte der Hussiten. Hierüber beschwerten sich sowohl König Sigismund als auch andere Reichsfürsten. Es sind etliche Rechtfertigungsschreiben erhalten, worin sich der Stadtrat gegen die Vorwürfe wehrt, dass Nürnberger Kaufleute Pulver an die Hussiten verkauft hätten. Die Häufigkeit dieser Briefe lässt den berechtigen Verdacht zu, dass diese Handel des Öfteren zustande gekommen sind, denn selbst der Papst ächtete diese kommerziellen Aktivitäten.[78] Auch die Kaufleute der Stadt Regensburg wurden 1424 von Sigismund ermahnt, *„daz nyemand den keczern zu Behem vnd anderswo kain fürdrung, hilff vnd rate mit wortten noch mit werken tun, noch in keinerlay speise, tranck, noch oder ander nötdürfft raichen solle, es sey mit wein, brot, getrayd, salcz, kauffmannschafft, speczereyen, würczen, harnüsch, püchsen, puluer, oder chainen andern sachen, wie die mochten benennet sein, woran daz were, tun solle in dheinen weg."*[79]

Trotz ihres weit entwickelten Geschützwesens griffen die Hussiten, besonders bei Belagerungen, auch nach wie vor auf Trebuchet-Schleudern zurück. 1420 beschossen die Prager und Taboriten den Hradschin mit großen Schleudergeschützen. 1422 wurde die Burg Karlstein durch den Beschuss von fünf Ballisten bezwungen. Auch diese Gegengewichtsschleudern erreichten beachtliche Ausmaße und verfügten über große Reichweiten. Die Bettung eines Trebuchets, der 1428/29 zur Belagerung der Burg Lichnice verwendet wurde, ist heute noch sichtbar. Er misst 36 x 25 Meter und ist 470 Meter von der Burg entfernt. Eine ähnliche Bettung findet sich 300 Meter von der Burg Sion entfernt, die 1437 von einer Armee Sigismunds angegriffen und zerstört wurde. Sie hat die Form eines Rechtecks mit einer Seitenlänge von 20 mal 26 Metern.[80]

71 *Vgl.: Durdík: Hussitisches Heerwesen, S. 95-97; Turnbull: Hussite Wars, S. 36-37; Berger: Kampfkraft der Hussiten, S. 107.*

72 *Vgl.: Durdík: Hussitisches Heerwesen, S. 98-100; Turnbull: Hussite Wars, S. 37; Berger: Kampfkraft der Hussiten, S. 107.*

73 *Ein Umstand, denn Hans Delbrück negiert, vgl.: Delbrück: Geschichte der Kriegskunst, S. 568.*

74 *Vgl.: Durdík: Hussitisches Heerwesen, S. 100-106.*

75 *Vgl.: Schmidtchen: Bombarden, S. 115.*

76 *Vgl.: Hassenstein: Feuerwerkbuch, S. 25.*

77 *Vgl.: Palacký: Der Hussitenkrieg 1419-1431, S. 321; Turnbull: Hussite Wars, S. 37..*

78 *Vgl.: Polívka: Handelsbeziehungen, S. 164- 166; Palacký: Urkundliche Beiträge I, Nr. 152, S. 163-164; Nr. 176, S. 189-190; Nr. 385, S. 432.*

79 *Vgl.: Palacký: Urkundliche Beiträge I, Nr. 294, S. 339; Nr. 295, S. 340-341 ist ein fast wortgleicher Aufruf an die Sechsstädte. [„niemand den Ketzern in Böhmen und anderswo keine Förderung, Hilfe und Rat mit Worten, noch mit anderen Werken tun, noch in keinerlei Speise, Trank, noch oder andere Notdurft reichen solle, es sei mit Wein, Brot, Getreide, Salz, Kaufmannschaft, Spezereien (=Gewürzen), Gewürzen, Harnisch, Büchsen, Pulver oder keinen anderen Sachen, wie die benennet sein möchten, woran das wäre deinen Weg tun solle."]*

80 *Vgl.: Durdík: Hussitisches Heerwesen, S. 110-111; Berger: Kampfkraft der Hussiten, S. 102.*

Darstellung eines leichten Rammbocks im sogenannten Feuerwerksbuch aus der zweiten Hälfte des 15. Jahrhunderts.

Diese detaillierte Darstellung aus dem Feuerwerksbuch zeigt die ausgeklügelte Balkenkonstruktion, die notwendig war, um den Rückstoß einer großen Bombarde aufzufangen.

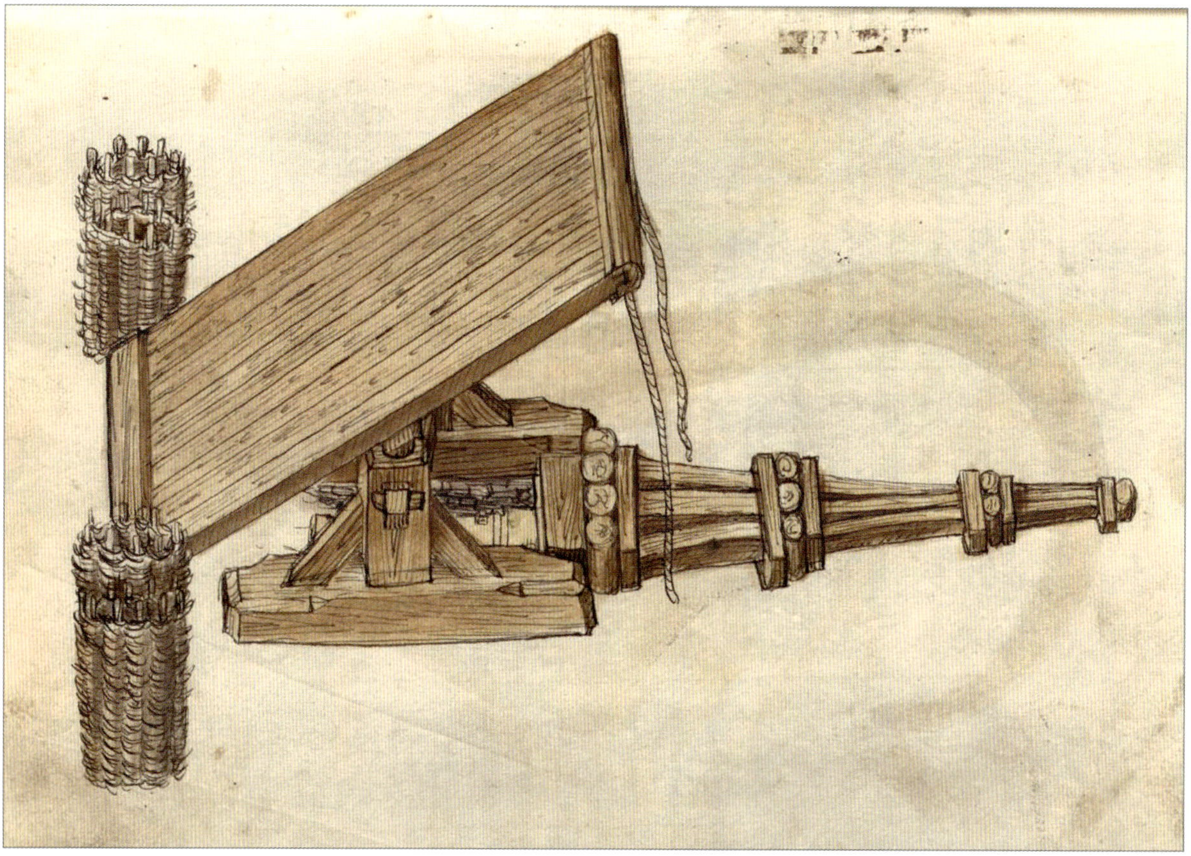

Die massive hölzerne Blende sollte die Geschützbedienung während des Ladens vor feindlichen Geschossen schützen. Die massive Balkenkonstruktion hinter der Bombarde sollte den Rückstoß des Geschützes auffangen (Abbildung aus dem Feuerwerksbuch)

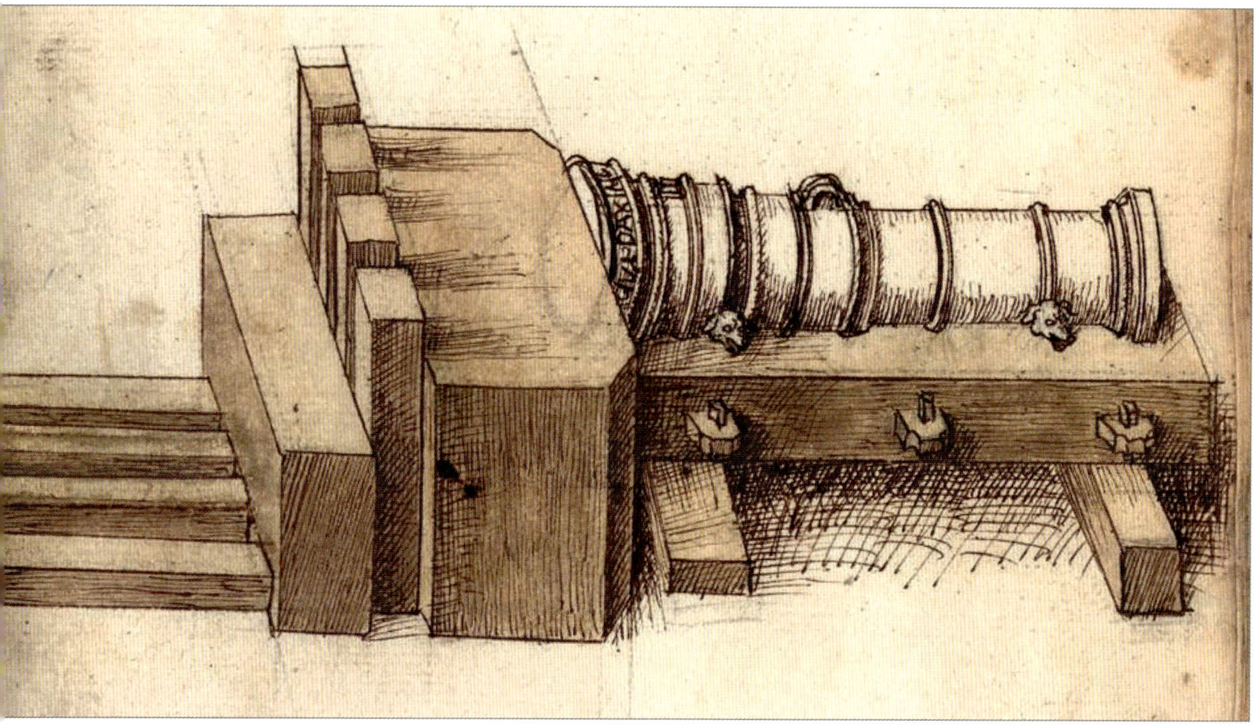

Alle Abbildungen zeigen die Taborbüchse.

Die sogenannte Taborbüchse besteht aus einem einfachen eisernen Rohr mit verdickter Mündung und Zündloch. In die Tülle wurde ein hölzerner Stab gesteckt, der als Schaft diente. Diese Form der Stabbüchse war im frühen 15. Jahrhundert weit verbreitet.

Zeichnung oben: Sascha Lunyakov
Fotos unten: Husitské muzeum, Tábor

Die meisten Tarasbüchsen hatten ein sehr kleines Kaliber und konnten von zwei Männern bedient werden. Zunächst als stationäres Geschütze auf Befestigungen eingesetzt, verwendeten die Hussiten sie auch im Feld.

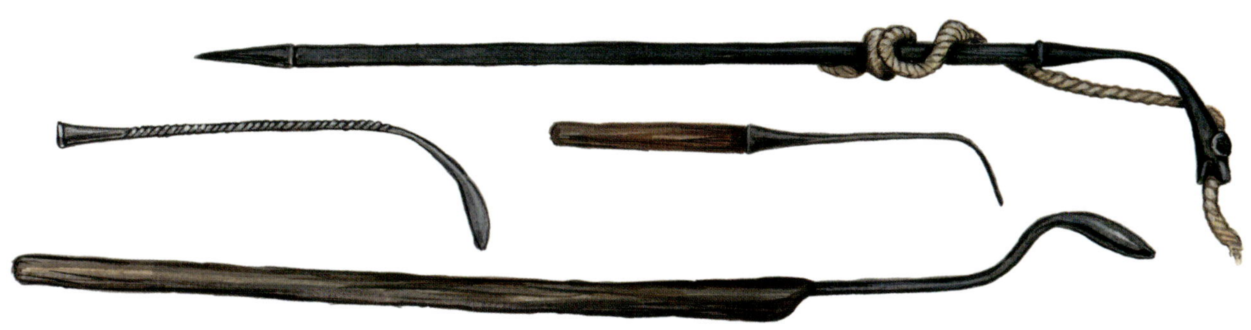

Zündstäbe für Büchsen
Oben: Ein Zündstab mit Lunte. **Unten:** Drei eiserne Loh- oder Pengeisen.

FAHNEN

Eine komplette Heraldik der hussitischen Streitkräfte lässt sich nur schwer erstellen, denn dem Heer schlossen sich viele böhmische Adlige an, die ihre eigenen Wappen und Banner mitbrachten.

Die Feldheere besaßen dagegen nur zwei weitläufig genutzte Symbole. Das am weitesten verbreitete war der Kelch, als das grundlegendste Symbol ihrer religiösen Forderungen (der Kommunion in beiderlei Gestalt). Die Ausführung erfolgte in ganz unterschiedlichen Formen, mitunter als bloße Silhouette, aber auch als prachtvolle, plastische Version.[81]

Auf diesen beiden Studien aus der „Geschichte Kaiser Sigismunds" ist die Gans auf den hussitischen Fahnen gut zu erkennen.

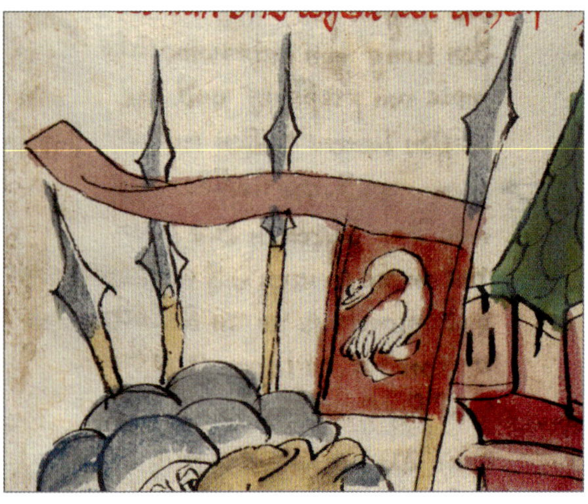

Neben dem Kelch war die Gans ein beliebtes Symbol. Die Gans war eine symbolische Translation des Namen „Hus" („husa"=Gans). Mitunter wurden beide Symbole auch kombiniert. So gibt es zeitgenössische Abbildungen, die Fahnen mit einer aus dem Kelch trinkenden Gans zeigen.

Rot schien die beliebteste Grundfarbe der Fahnentücher gewesen zu sein, während die Kelche meist in Gelb oder Schwarz gezeigt werden.[82]

81 *Vgl.: Turnbull: Hussite Wars, S. 23.*

82 *Vgl.: Turnbull: Hussite Wars, S. 47.*

HEERESSTRUKTUR

Die Forschung verfügt noch nicht über eine in allen Details gesicherte Kenntnis der hussitischen Heeresorganisation. Fest steht jedoch, dass die Feldheere besser und engmaschiger organisiert waren, als andere europäische Feldheere dieser Zeit.

Der tschechische Historiker Jan Durdik vermutet, dass alle vier Waffengattungen der hussitischen Armee (Wagen, Fußvolk, Reiterei und Geschützwesen) ihre eigenen Hauptmänner besessen haben.[83] In den Quellen lassen sich allerdings nur ein Hauptmann der Wagen und ein Hauptmann der Reiterei nachweisen. Die Existenz eines Hauptmanns des Fußvolks und eines Hauptmanns der Büchsen erscheint zwar sinnvoll, wäre aber organisatorisch mit Schwierigkeiten verbunden gewesen, da beide Waffengattungen ja auch Bestandteile der Kriegswagen bildeten. Obwohl unter den Hauptleuten Ritter und niedrige Adlige aufgrund ihrer militärischen Vorbildung dominierten, existierten durchaus auch Hauptleute bäuerlicher Herkunft oder aus Handwerkszünften. Bei den Taboriten diente der Maurer Mares Krsnak als Hauptmann. Er fiel in der Schlacht bei Lipany. Zwei Brüder aus Padarov hingegen waren vor dem Krieg einfache Bauern gewesen. Velek Koudelnik, ein Hauptmann der Waisen, arbeitete vorher als Handwerker in der Prager Neustadt, sein Nachfolger Cert war Brettschneider, während bei Pesek Zahradnik zu vermuten ist, dass er aus den Reihen der Dorfkätner kam (Zahradnik = Gärtner).

Neben der taktischen Gliederung existierte eine Einteilung der Armee in Gemeinden. Angeführt wurden diese wiederum von eigenen Hauptleuten. Die Unterteilung erfolgte entweder auf regionaler oder sozialer Basis.

Das taboritische Heer scheint eher regional strukturiert gewesen zu sein. Aufgebote einzelner Städte oder Landstriche blieben stets zusammen und trugen den Namen der wichtigsten Stadt der Region. Bei der Nennung der taboritischen Ältesten in Quellentexten werden stets Städtenamen mit aufgeführt. So heißt es in einem dieser Texte *„Wir ... Hauptleute, Herren, Ritter, Edelknechte, Priester Prokop und andere Älteste der Gemeinen von Tabor im Feld und zuhause, von Klattau, Pisek, Schüttenhofen, Prachatitz, Taus...".*[84]

Die soziale Einteilung hingegen ist eine Eigenheit des orebitischen Heeres, das Jan Žižka 1423 mit seiner Kriegsordnung schuf.[85] In einer vergleichbaren Quelle über das orebitische Heer heißt es: *„Wir Jan Bruder Žižka vom Kelch ... und alle Gemeinden der Herren, Ritter, Edelknechte, Städte...".*[86] In dieser Grundfrage nach ständeübergreifender Gleichheit kann auch ein möglicher Grund für den Bruch des blinden Heerführers mit den Taboriten gesucht werden. Allerdings hatte das taboritische System der regionalen Strukturierung für die Mobilisierung des Heeres bedeutende Vorteile. Das orebitische Heer dürfte erheblich größere Schwierigkeiten gehabt haben, seine überregional aufgestellten, sozial abgetrennten Gemeinden zu sammeln. In Žižkas Heer gab es Gemeinden der Herren, Ritter und Bürger, der Handwerker, Fronsleute und der Bauern. Diese Gemeinden stellten vor allem organisatorische Grundeinheiten dar. Innen oblag

83 *Vgl.: Durdík: Hussitisches Heerwesen, S. 150-151; Berger: Kampfkraft der Hussiten, S. 103.*

84 *Zit.: Seibt: Hussitica, S. 163.*

85 *Vgl.: Berger: Kampfkraft der Hussiten, S. 103.*

86 *Zit.: Seibt: Hussitica, S. 162.*

disziplinarische Gewaltausübung, z.B. bei Wachvergehen. Außerdem waren die Gemeindevertreter an der Verteilung der Beute beteiligt. Es lässt sich nicht mit Sicherheit sagen, ist aber sehr wahrscheinlich, dass die Gemeindevertreter und die Hauptleute oftmals dieselben Personen waren, denn die Gemeindevertreter gehörten auch dem Rat der „Ältesten“ an.

Diese Einteilung wurde durch Žižkas Kriegsordnung festgeschrieben. Die Heeresordnung von 1423 nannte den blinden Heerführer als ersten Hauptmann, also obersten Heerführer. Ihm zur Seite stand ein Rat der ältesten Hauptleute (oft nur als die „Ältesten“ bezeichnet), die vermutlich auch die Führer der einzelnen Waffengattungen darstellten. Fragen der Wach- und Marschordnung, aber auch der militärischen Operationen sollten gemeinschaftlich durch diesen Rat geklärt werden.

Der Aufbau eines Kriegswagenzuges wurde bereits auf Seite 12 geschildert. Zehn Kriegswagen unterstanden einem Zehnerschaftsführer, der vor allem darauf zu achten hatte, dass diese ihre Marschordnung einhielten. Zudem organisierte er ihre Stellungen beim Aufbau einer Wagenburg. Über dem Zehnerschaftsführer stand der Hauptmann der Wagenreihe, der eine komplette Marschsäule befehligte. An der Spitze der Waffengattung stand der Hauptmann der Kriegswagen.[87]

Die Reiterei unterteilte sich in verschiedene, vor allem für den Marsch wichtige Gruppen. An der Spitze jedes Heerzuges stand der Vortrab (honci) mit einem „Verlorenen Haufen“ (Stracenci), der eigentlichen Aufklärungsabteilung, sowie einer ersten Reserve (posilci). Die Flanken der Marschsäulen wurden durch Plänkler (stranci) gesichert. Der Hauptmann der Reiterei befehligte sämtliche Berittenen.[88]

Vermutlich unterstanden nur die nicht den Kriegswagen zugeteilten Knechte dem Hauptmann des Fußvolkes. Ihre kleinste taktische Formation war die Rotte, die wahrscheinlich nach Art der Bewaffnung in Spießer und Flegler, beziehungsweise Schützen getrennt waren. Möglicherweise bildeten die Rotten auch Zelt- und Kochgemeinschaften. Sie unterstanden einem Rottmeister. Für das Gefecht waren allerdings größere Gruppen unter einem „Hundertschaftsführer“ von höherer Bedeutung.[89]

Vor allem aus organisatorischen Gründen war es sicherlich sinnvoll, die Geschütze einem Hauptmann der Büchsen zu unterstellen. Unter ihm gab es allerdings keine taktischen Gruppierungen in Form von Batterien. Im Gefecht agierten die Geschütze eigenständig unter einem Büchsenmeister.[90]

Die Taboriten unterteilten ihre Heere in ein Heimatheer, das sogenannte Alte Tabor, und das eigentliche Feldheer, das Neue Tabor. Das Feldheer wurde für die offensiven Kriegszüge eingesetzt, während das Heimatheer eine frühe Form der Landwehr darstellte, die nur im Not-, d.h. Verteidigungsfall mobilisiert werden sollte.[91]

Die von Žižka etablierte Heeresordnung wurde wahrscheinlich nicht nur nach seinem Tod von den Orebiten, bzw. Waisen beibehalten, sondern auch von anderen hussitischen Heeren zumindest teilweise übernommen. Allerdings gewann das religiöse Element im Laufe des Krieges an Bedeutung, als sich ein „Verwalter der geistlichen Angelegenheiten“ an der Spitze des Ältestenrates etablierte. So wurde Prokop der Kahle nach dem Tod Žižkas zum Führer des taboritischen Feldheeres. Prokops Stellung war anscheinend noch dominierender als die des blinden Heeresführers. Obwohl er keine militärische Erfahrung besaß, wurde er innerhalb kürzester Zeit sowohl zum religiösen, politischen aber eben auch militärischen Führer des Heeres. Eine vergleichbare, wenn auch nicht derart dominante Rolle nahm im Feldheer der Waisen der Priester Prokupek (auch Prokop der Kleine) ein.

Die Heimatheere stellten vollkommen eigenständige Organisationen dar. Sie verfügten über ihre eigenen Hauptleute, die auch im Einsatzfall die Truppen kommandierten und nur dem obersten Hauptmann unterstellt waren. Wie eine Mobilisierung des Heimatheeres von statten ging, geht aus einem Brief Žižkas an die Bürger von Domazlice vom 11. September 1422 hervor: *„Und deshalb, meine lieben Brüder, gebe ich euch kund, daß wir das Volk an allen Seiten sammeln gegen diese Feinde und Verderber des böhmischen Landes; so möget auch Ihr Euren Priestern sagen, sie sollen in ihren Predigten das Volk zum Kampf auffordern gegen diesen Antichrist, selbst aber möget Ihr es auf den Märkten ausrufen, daß alle, die da können, ob alt oder jung, bereit seien zu jeder Stund.“*[92]

Die Besonderheiten des Prager Stadtaufgebots

Prag als wichtiges Zentrum der hussitischen Bewegung besaß ein eigenes Heer, welches jedoch nach anderen Regularien aufgestellt wurde, als die Feldheere der Taboriten und Orebiten. 1371 wurde ein Statut über die Wehrpflicht der Prager Bürgerschaft erlassen. Dieses teilte die Stadt in vier Viertel ein, die sich die Aufgebotspflicht außerhalb der Stadt teilen sollten. Unabhängig von den jeweiligen Vermögensverhältnissen war jeder Bürger verpflichtet, sich selbst auszurüsten und im Bedarfsfall ins Feld zu ziehen. Die Teilnehmer an Heereszügen waren dafür für die folgenden beiden Steuertage[93] von jeglichen Abgaben befreit, Diese hatten die in der Stadt verbliebenen Viertel zu übernehmen. An der Spitze jedes Viertels standen zwei Hauptleute. Einen Hauptmann stellte die Gemeinde, den anderen der Rat der Stadt. Da der Heeresdienst jedoch sehr unbeliebt war, gingen die Prager schon im 14. Jahrhundert dazu über, Söldner als Ersatzmänner anzuwerben, welche in der Folge den professionellen Kern der Prager Aufgebote darstellten.[94]

Diese in den größeren Städten Mitteleuropas nicht unübliche Struktur behielten die Prager auch während der Hussitenkriege im Wesentlichen unverändert bei. Außerdem warben sie im größeren Umfang Söldnertruppen an, die aus dem eingezogenen Kirchenbesitz bezahlt wurden. Ihnen zur Seite standen die eher schlecht ausgerüsteten Gruppen der städtischen Armut. Ein Erlass von 1422 wies Wirte und Hausbesitzer an, Verzeichnisse ihrer Quartiernehmer zu erstellen, damit diese erfasst und im Bedarfsfall rekrutiert werden konnten.[95]

87 *Vgl.: Durdík: Hussitisches Heerwesen, S. 145-148.*

88 *Vgl.: Durdík: Hussitisches Heerwesen, S. 148-150.*

89 *Vgl.: Durdík: Hussitisches Heerwesen, S. 146.*

90 *Vgl.: Durdík: Hussitisches Heerwesen, S. 144-146.*

91 *Vgl.: Berger: Kampfkraft der Hussiten, S. 103.*

92 *Zit.: Durdík: Hussitisches Heerwesen, S. 45-46.*

93 *Steuertage waren die Tage, an denen die Steuern zu zahlen waren. Dies geschah jedoch nicht immer regelmäßig.*

94 *Vgl.: Durdík: Hussitisches Heerwesen, S. 46-47.*

95 *Vgl.: Berger: Kampfkraft der Hussiten, S. 102.*

Das Prager Stadtaufgebot glich eher den taboritischen und orebitischen Heimat- als den Feldherren. Die Bürgerschaft der Stadt sträubte sich gegen die Errichtung einer stehenden Armee und stützte sich während des gesamten Krieges auf dieses Milizsystem. Außerdem wurde nie ein fester oberster Hauptmann gewählt. Während des Ersten Kreuzzugs 1420 wählte der Rat der Stadt Hynek Krusina von Lichtenburk zum Oberbefehlshaber, 1421 übernahm Jan Želivský die religiöse, politische und militärische Führung des Stadtaufgebotes und nahm damit eine ähnliche Rolle ein, wie später Prokop der Kahle bei den Taboriten. In militärischen Belangen stützte er sich jedoch stark auf seinen Hauptmann Jan Hvezda, der später ein Nachfolger Žižkas bei den Taboriten werden sollte. Nach der Entmachtung und Hinrichtung Želivskýs wurde die Stellung des Obersten Hauptmanns nicht mehr besetzt.[96]

Auf dem Marsch

Auf dem Marsch zogen die Kriegswagen stets in mehreren Reihen oder Zeilen. Idealerweise gab es vier solcher Zeilen, zwei innere (placni), bestehend aus den Transportwagen, und zwei äußere (krajni). Die äußeren Reihen waren länger, sodass die vorn und hinten überstehenden Wagen ohne Schwierigkeiten die Wagenburg schließen konnten, während die seitlich stehenden Wagen nur noch ihre Ordnung vollständig schließen mussten. Diese überlappenden Vorhuten wurden als okridji bezeichnet.[97]

Wenn ein durchschnittliches Feldheer über 300 Wagen verfügte und man annimmt, dass die Länge der placni nur zwei Drittel eines krajni betrug, so bestand ein äußere Wagenzeile aus 90 Wagen, eine innere aus 60. Wulf berechnet die Länge eines vierspännigen Wagens (inklusive des Abstands zum Vordermann) auf reichlich 12 Meter (40 Fuß). Damit wäre die äußere Wagenzeile auf dem Marsch etwa 1.100 Meter lang.[98]

Manöver wurden mit Flaggensignalen kommandiert, wobei jeweils der vorderste und hinterste Wagen einer Zeile über solche Signalflaggen verfügten. Das schnelle Schließen der Wagenburg bedurfte intensiven Trainings.[99] Allerdings lassen sich in den Quellen keinerlei Berichte über Heeresmanöver finden.

Womit spätmittelalterlich Heere dieser Zeit versorgt wurden, lässt sich aus diversen Anschlägen der Kreuzfahrerheere ableiten. So verfügten die Lausitzer Sechsstädte, deren ländlich-städtische Aufgebote denen der Hussiten strukturell am nächsten kamen, 1421, dass ihre Heere auf dem Marsch *„Gelt, wein, byr, fleisch, speck, seitenfleisch, schmaltz, fysche, putter, behemische kese, cleine kese, satz, tyschlag, hant tücher, kessel, dreifuss, würze, vnsletlichte, wichsinne stöckel, spisse, exsse, grabescheit, haulkin, muldin, schauffeln, schlegel, kriptücher, pfele, strenge, futterstricke, gezelt mit stangen vnd sinem gerethe, futtersecke, hobir vnd ein moss dorzu, hulzyne kannen, kopperinne tringgefese, lythische schilde, pfannen, tringtoppen, roste, brantreithe, schutzemeister, balbirer, czymmerleuthe, bochsenmeister, bochsen, pulver, pof-feysen, kawlin, fusseysen, eiserne flegel, erbis, zugemüse"*[100] haben sollten.

Darstellung eines Kriegswagens in Kyesers „Bellifortis"

Heeresstärken

Die Feldheere oder Feldbruderschaften der Taboriten und Orebiten waren die ersten stehenden Armeen ihrer Zeit. Sie konnten unmittelbar vor den Feldzügen durch weitere Freiwillige verstärkt werden, blieben aber auch in den ruhigeren Zeiten als Streitmacht bestehen. 1424, nach dem Tod Jan Žižkas bestand sein Heer, dessen Mitglieder sich nun die Waisen nannten, aus 4.000 Mann mit 300 Kriegswagen. Zur gleichen Zeit umfasste das taboritische Heer etwa 6.000 Kämpfer.[101] Legt man die Ausstattung eines Kriegswagens mit 2 Büchsenschützen zugrunde, sowie eine Haubitze oder Tarasbüchse auf fünf Wagen, beziehungsweise ein größeres Geschütz auf 20 Wagen, so verfügte ein solches Heer über etwa 600 Büchsenschützen, 60 kleinere und 15 größere Kanonen. Ob die Zahl besonders der schweren Schusswaffen auf den Herrlichen Heerfahrten der späten 1420er Jahre anstiegen, als hussitische Armeen 2.000 und mehr Wagen mit sich führten, muss dagegen bezweifelt werden.

Nur selten vereinigten sich alle hussitischen Heere für eine Schlacht oder einen Feldzug. Bei Aussig 1426 und bei Glatz 1428 vereinigten sich drei solcher Heere, für die Herrliche Heerfahrt 1429/30 angeblich die gesamte hussitische Streitmacht, ebenso wie zur Abwehr des Fünften Kreuzzugs 1431. Bei diesen Gelegenheiten offenbarte es sich aber, dass die Hussiten – wie übrigens auch die Heere der Kreuzfahrer – erheblich Probleme hatten, Armeen von 10.000 Mann und mehr über längere Zeit zu versorgen.

96 Vgl.: Durdík: Hussitisches Heerwesen, S. 47-49.

97 Vgl.: Palacký: Der Hussitenkrieg 1419-1431, S. 368; Turnbull: Hussite Wars, S. 38; Delbrück: Geschichte der Kriegskunst, S. 555-556.

98 Vgl.: Wulf: Wagenburg, S. 38.

99 Vgl.: Turnbull: Hussite Wars, S. 38.

100 Zit.: Palacký: Urkundliche Beiträge I, Nr. 140, S. 151.

101 Vgl.: Tresp: Söldner aus Böhmen, S. 28; Delbrück: Geschichte der Kriegskunst, S. 570.

Diese Abbildung zeigt den **Einsatz eines mit Steinen beladenenen Kriegswagens gegen Fußtruppen**, eine Taktik, die Jan Zizka in der Schlacht bei Maleschau anwendete.

Verwendung einer Sturmleiter mit Haken, um sie an der Mauerkrone einer Burg zu verankern.

Die Bilder entstammen einer Kopie von Kyesers Bellifortis von Hans Talhoffer aus dem Jahre 1459

1426, 1428 und 1431 vereinigten sich ihre Kräfte daher nur für einen kurzen Zeitraum, in unmittelbarer Erwartung der Schlacht. Auf dem Marsch durch das Reich 1429/30 teilte sich das Heer schon aus logistischer Notwendigkeit heraus in bis zu fünf Kolonnen auf, die mit einer Frontlänge von etwa 50 Kilometern durch das Land marschierten.[102]

Auch der Tross mit Marketendern, Frauen und womöglich Kindern nahm beträchtliche Größen an, auch bei Zügen außerhalb von Böhmen. So wurde der Stadt Görlitz im Dezember 1429 folgende Meldung über die Stärke der Hussitenarmee Prokops des Großen gemacht: *„Alle ire redlichste macht nicht wol uf 30.000 sein werde, do nicht wol die helffte streitbar volck soll sein. Haben noch kein grossen gezeug, weder Büchsen, wenn allein 4 steinbüchsen, der yede nahent einen Centner swer scheuchst.“*[103] Demnach bestand die Stärke von Prokops Armee aus etwa 15.000 Kämpfern, was sich mit den Schätzungen moderner Forscher, wie etwa Krocker deckt.[104] Noch einmal dieselbe Anzahl Frauen und Kinder begleiteten den Zug.

102 *Vgl.: Delbrück: Geschichte der Kriegskunst, S. 571-572.*

103 *Vgl.: Palacký: Urkundliche Beiträge II., S. 85.*
[Ihre Gesamtstärke betrug wohl 30.000, wobei die Hälfte streitbares Volk sein soll. Sie haben kein großes Zeug (=schwere Waffen), keine Büchsen, wenn dann 4 Steinbüchsen, die jede einen Zentner schießt.]

104 *Vgl.: Krocker: Sachsen und die Hussitenkriege, S. 32-33.*

Burgen und Feldbefestigungen

Die Verwendung von Wagenburgen mit quantitativ starker Artillerie zeigt bereits, wie sehr sich die Hussiten auf defensive Stellungen stützten. Daher brachten sie auch einige innovative Neuerungen im Bau von Feldbefestigungen und Burgen hervor.

Während der Belagerung Prags 1420 ließ Jan Žižka auf dem Veitsberg provisorische Feldbefestigungen anlegen. Der schmale Bergrücken im Osten der Stadt war von strategischer Bedeutung, da die beiden Burgen auf dem Hradschin und dem Vyšehrad von den königlichen Truppen besetzt waren. Žižka befahl die Errichtung von zwei hölzernen Türmen im Blockhausstil. Davor wurde ein Wall mit Graben angelegt. Verschiedenen Angaben zufolge wurde dieser Graben durch eine Reihe kleiner Bastionen aus schweren Holzbohlen unterbrochen, damit die Verteidiger die Angreifer unter Flankenfeuer nehmen konnten.[105]

Eine der bedeutendsten hussitischen Festungsanlagen stellt das religiöse Zentrum Tabor dar. Die Stadt war im Norden und Süden durch den Fluss Luznice und den Tismeciner Bach bereits gut geschützt. Im Westen Tabors befand sich die alte Burg Hradiste. Sie war auf einer erhöhten Landzunge errichtet

105 *Vgl.: Purton: Late Medieval Siege, S. 237; Durdík: Hussitisches Heerwesen, S. 187.*

Darstellung eines Rammbocks in Johann Hartliebs „Kriegsbuch“
Das Dach sollte vor feindlichen Geschossen schützen und wurde oftmals mit feuchten Tierhäuten überzogen, um ein Inbrandstecken zu erschweren.

Interessante Darstellung eines Torsionsgeschützes in Johann Hartliebs „Kriegsbuch“
Das Torsionsgeschütz gewann seine Schnellkraft aus den ineinander verdrehten Seilen am Wurfarm.

worden, die an drei Seiten von Tälern und Flüssen umgeben war. Der Schwerpunkt der neuen Befestigungsanlagen, die die Hussiten ab 1420 hier errichteten, lag daher im Osten. Hier entstand eine doppelte Stadtmauer mit hohen Wehrtürmen, die mehrere Geschütze aufnehmen konnten. Der innere Ring war mit einer Reihe von halbrunden, innen offenen Türmen versehen, von denen Hakenbüchsenschützen jeden Leitertrupp seitlich beschießen konnten. Auf den ersten Blick sind die Türme unregelmäßig verteilt, aber dieses scheinbare Chaos folgt einem System, denn es gibt keinen einzigen toten Winkel zwischen ihnen. Die meisten Türme haben fünf Schießscharten (zwei im zweiten und drei im dritten Stock) zur Aufnahme von Tarasbüchsen. Diese standen so erhöht, dass sie über die erste Mauer hinweg schießen konnten. Die äußere Mauer verfügte über eine Reihe von Basteien, die weit aus der Festung heraus ragten und es erlaubten, den Feind mit Flankenfeuer zu belegen. Tabor ist damit eine der ersten polygonalen Festungen in Europa. Ein in der Burg Hradiste errichteter Geschützturm gilt zudem als ältester seiner Art in Mitteleuropa.

Das Gelände vor den neuen Mauern Tabors fiel steil ab und konnte auf eine Entfernung bis zu 300 Metern effektiv durch Geschütze, Handbüchsen und Armbrüste beschossen werden.[106]

Der Zugang zur Stadt erfolgte durch ein ausgeklügeltes dreifaches Torsystem, dass durch den Barbakan, ein mit tiefem Graben versehenes Befestigungswerk, geschützt war.

Waren in England und Frankreich Schießscharten für die Verwendung von Schwarzpulvergeschützen schon im 14. Jahrhundert verwendet worden, so stellt Tabor die wahrscheinlich erste mitteleuropäische Wehranlage mit solchen Vorrichtungen dar, die sich wahrscheinlich auch unabhängig von westlichen Vorbildern entwickelt hatte.

Das „Tabor“-System der doppelten Mauerbefestigung wurde von den Hussiten auch in anderen böhmischen Städten und bei der Verstärkung von Burgen angewandt, indem eine niedrige mit Bastionen und runden Türmen versehene Schildmauer ältere Befestigungswerke schützte. Die Verwendung nach hinten offener Türme hatte mehrere Vorteile. Zunächst war es einem angreifenden Feind, sollte er einen Turm erobern, nicht möglich, diesen in Richtung Stadt gegen Gegenangriffe zu verteidigen. Außerdem konnte der Qualm, der beim Abfeuern der Büchsen entstand, besser abziehen.[107]

106 *Vgl.: Purton: Late Medieval Siege, S. 237; Durdík: Hussitisches Heerwesen, S. 181-183; Palacký: Der Hussitenkrieg 1419-1431, S. 85.*

107 *Vgl.: Purton: Late Medieval Siege, S. 236.*

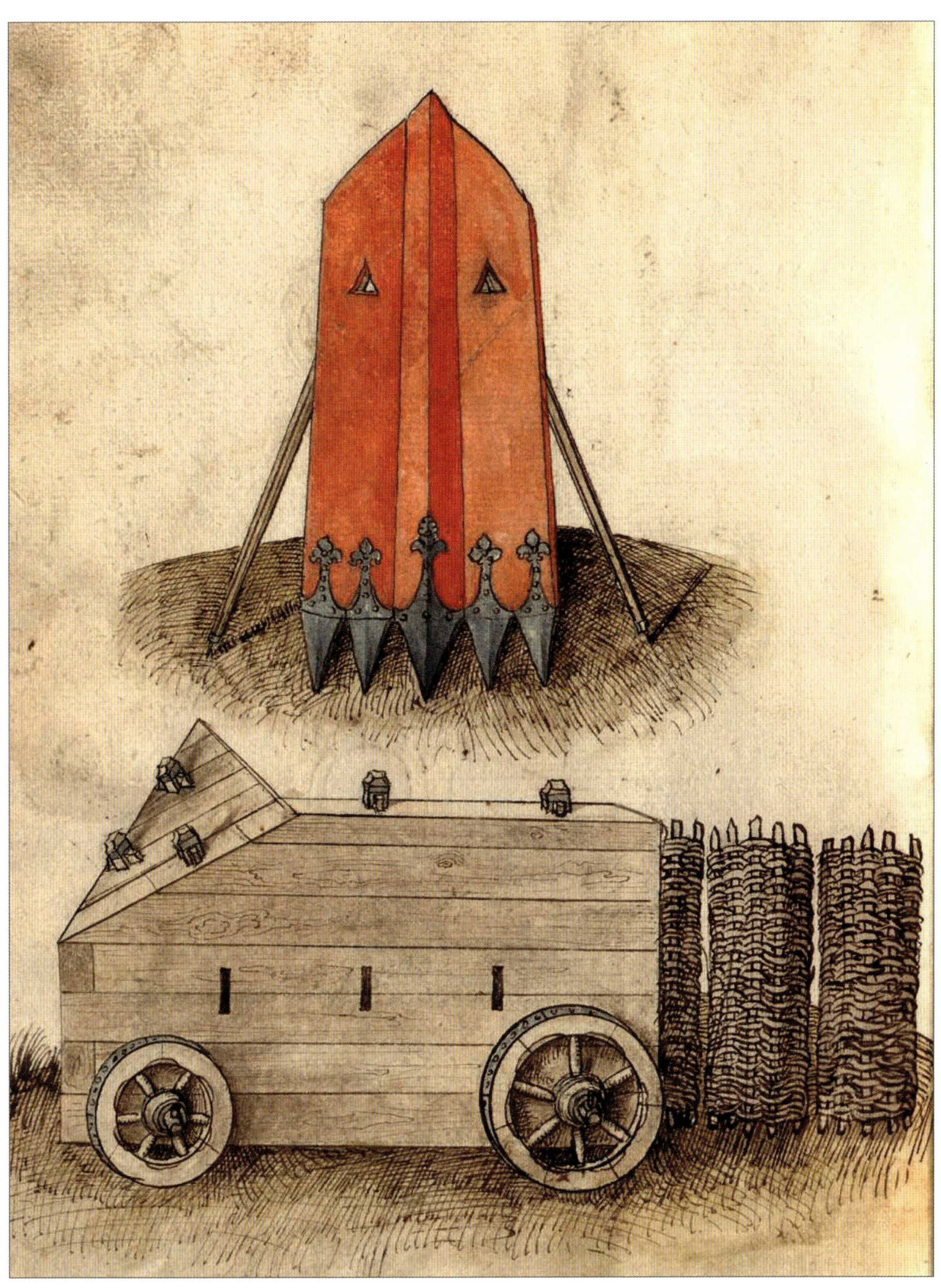

Darstellung von Kriegsgerät im sogenannten Feuerwerksbuch aus der zweiten Hälfte des 15. Jahrhunderts.
Oben eine schwere Pavese mit mehreren eisernen Dornen, um sie fest im Erdreich zu verankern und zwei Schießscharten für Schützen. Der gedeckte Wagen unten diente einer geschützten Annäherung an feindliche Burgmauern.

Eine schwere Bombarde während einer Belagerung

Das Geschütz ist geladen und ein Knecht der Deckung zieht zum Abfeuern die schwere Blende auf. Die Hussiten errichteten bei Belagerungen oftmals selbst sehr ausgedehnte Wallanlagen, um eine Burg von der Außenwelt abzuschneiden.

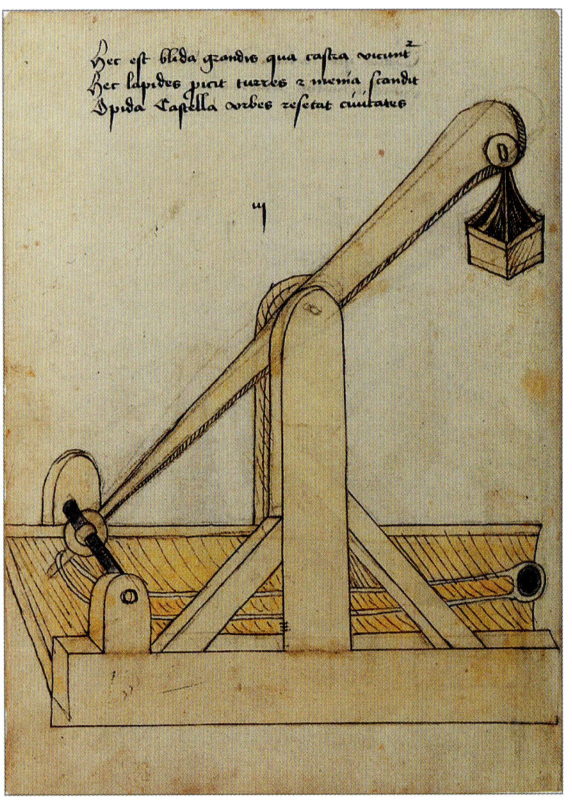

Oben:
Diese Darstellung aus dem Feuerwerksbuch zeigt die Stellung einer Bombarde vor den eigentlichen Belagerungslinien. Der Weg zu dieser Hauptlinie ist durch einen hölzernen Zaun gesichert.

Links:
Darstellung einer einfachen Gegengewichtsschleuder (Blide) in Kyesers „Bellifortis“. Am linken Ende des Wurfarmes ist ein langes Seil befestigt, an dem der Korb mit dem Wurfgeschoss hängt.

Belagerungswesen

Durch die komplexen Beziehungs- und Loyalitätsgeflechte in Böhmen waren die Hussitenkriege auch sehr stark von lang anhaltenden Belagerungen geprägt. Dies wird in der Hauptstadt Prag am deutlichsten, wo die beiden Burgberge 1420 in den Händen der Königlichen verblieben, wohinhingegen sich die Stadt mehrheitlich der Bewegung angeschlossen hatte. Während der Belagerung der Stadt durch das Kreuzfahrerheer in Sommer beschränkten sich die Kämpfe auf sichtbare psychologische Demonstrationen. Sowohl die Prager, als auch die Kreuzfahrer errichteten Scheiterhaufen, um ihren Gegnern das drohende Schicksal zu verdeutlichen. Im Laufe der Zeit verfassten die Belagerten aber auch schriftliche Aufrufe, in denen sie den Kreuzrittern das Wesen der Vier Prager Artikel nahe bringen wollten.[108]

Solche psychologischen Druckmittel wandten die Hussiten auch bei der Belagerung der nordböhmischen Stadt Brüx 1421 an. Es war ihnen kurz vorher gelungen, im nahe gelegenen Bilin den Bruder des Brüxer Burghauptmanns, den Ritter Ramphold Gorentz gefangen zu nehmen. Nun banden sie ihn an einen Rammbock und versuchten die Verteidiger zur Aufgabe zu zwingen. Der Legende nach soll Ramphold seinem Bruder jedoch zugerufen haben, dass sein Leben weniger zähle, als die gemeinsame Sache. Schweren Herzens befahl der Hauptmann einem seiner Schützen, den Bruder zu töten. Der Schuss gelang und die Besatzung widerstand der Belagerung.[109]

Nach ihrem Sieg am Veitsberg schlossen die Prager den Vyšehrad ein. Die Hussiten hoben einen Graben mit Wall am Fuße des Burgberges aus, der zum einen die Besatzung einschließen, zum anderen aber auch die Neudtädter Seite vor Ausfällen der Besatzung schützen sollte. Südlich der Burg wurde der Boticbach in das Grabensystem eingebunden, das so gut ausgebaut war, dass die Feldwachen gefahrlos darin lagern konnten. In den folgenden Wochen beschränkten sich die Kämpfe um den Vyšehrad allerdings auf ein ergebnisloses Geschützduell zwischen der Stadt und dem Burgberg. Am 15. September gelang schließlich der königlichen Besatzung ein kleiner Achtungserfolg, wie der Chronist Laurentius berichtet: *„Auf der anderen Seite, nämlich der Stadtseite, stellten sie* [die Prager, Anm. d. A.] *hinter dem Chor der (seligen) Jungfrau am Botic zwei Maschinen, sogenannte praky (Schleudern), auf, die aber dennoch der umsichtige Vyšehrader Büchsenmeister von der Rundkapelle der heiligen Margarete aus mit Pfeilschüssen gegen den Botic zerstörte.“*[110] Doch auch die Prager hielten dagegen: *„Aber durch eine große Büchse, die sie nach Durchbrechung der Mauer im Kirchlein „Auf der Wiese“ (in Viridi) aufgestellt hatten, fügten sie den Vyšehradern viele Schäden zu.“*[111]

Allerdings machte sich unter der königstreuen Besatzung bald der Lebensmittelmangel bemerkbar. Obwohl Sigismund seinen Soldaten baldige Hilfe versprach, vergingen mehrere Wochen. Im Oktober wurden die Pferde auf der Burg geschlachtet, da es der Besatzung an Fleisch mangelte. Tatsächlich ließ Sigismund Ende Oktober in Leitmeritz mehrere Boote requirieren. Er plante die Burg von der Moldauseite aus zu entsetzen. Als die Hussiten von diesen Plänen erfuhren, ließen sie den Fluss mit dicken Ketten und starken Pfählen sperren. Am 28. Oktober zog Sigismund von Karlstein nach Prag und ließ auf dem Weg mehrere Dörfer anzünden, um der bedrängten Besatzung anzuzeigen, dass Hilfe auf dem Weg sei. Der König erreichte die Stadt, versorgte den Hradschin mit Proviant und zog anschließend nach Kuttenberg weiter, wo er ein neues Heer aufzustellen gedachte. In der Hoffnung bald vom König entsetzt zu werden, beschloss die Besatzung des Vyšehrad Verhandlungen mit den Hussiten aufzunehmen: sollten sie nicht bis zum 31. Oktober entsetzt werden, würden sie die Burg mit allen Büchsen bis zum 1. November übergeben.[112]

Das königliche Heer erschien am 31. Oktober vor Prag und am Folgetag plante Sigismund einen Angriff auf die Belagerer des Vyšehrad, der mit einem Ausfall der Besatzung zusammen fallen sollte. Da jedoch die in den Verhandlungen zwischen der Besatzung und den Hussiten festgesetzte Frist bereits überschritten war, besetzten die Prager die Tore der Burg. Das Entsatzheer scheute den Angriff auf die Gräben der Prager, denn diese waren so angelegt, dass sie nicht nur einen Ausfall der Besatzung, sondern eben auch einen Sturmversuch von außerhalb abwehren konnten. Trotzdem befahl Sigismund den Mährern und den Ungarn einen Angriff an zwei verschiedenen Stellen, der zunächst erfolgreich anlief. Sie drängten die Hussiten bei St. Pankraz zu einem Haufen zusammen. Doch dann wendete sich überraschend das Blatt und Sigismunds Ritter flohen aus den eben eroberten Gräben, verfolgt von den Pragern. Unter den 500 Toten befanden sich etliche angesehene böhmische und mährische Adlige. Nach der Schlacht räumte die königliche Besatzung den Burgberg.[113]

In der Regel versuchten die Hussiten jedoch längere Belagerungen zu vermeiden und Städte im ersten Handstreich zu nehmen. Im November 1420 erschienen sie vor dem südböhmischen Prachatic. Nachdem die Stadt die Forderung zur Übergabe abgelehnt hatte, befahl Jan Žižka den Angriff. Die Hussiten brachten Sturmleitern gegen die Mauern vor. Die Besatzung der Stadt konnte nur wenig Gegenwehr leisten, da sie von den hussitischen Büchsen-, Armbrust- und Schleuderschützen mit einem so dichten Geschosshagel eingedeckt wurde, dass sie sich kaum hinter den Zinnen hervor wagte. Der Angriff gelang.[114]

Andere Belagerungen wurden mit enorm großem Aufwand betrieben, wie die von Schwihau 1425. Die Burg eines kleinen böhmischen Adligen wurde von 1.000 Reitern und 8.000 Fußsoldaten belagert. Die Hussiten brachten drei Katapulte und schwere Geschütze zum Einsatz. Entscheidend war jedoch, dass sie den Belagerten das Wasser abgraben konnten, sodass sie nach zwei Wochen die Waffen streckten.[115]

Auch das Unterminieren von Mauerwerk wurde von den Hussiten angewandt, so im November 1425 bei der Belagerung der österreichischen Stadt Retz.[116] 1433 versuchten Hussiten in Preußen einen Stollen unter die Mauern

---

108 *Vgl.: ŠMAHEL: Hussitische Revolution II, S. 1093.*

109 *In NS-Zeiten formierte sich eine faschistische, sudetendeutsche Kampfgruppe mit dem Namen „Rampold Gorenz“, die auf diese Legende Bezug nahm.*

110 *Zit.: Laurentius-Chronik, S. 160.*

111 *Zit.: Laurentius-Chronik, S. 160.*

112 *Vgl.: PURTON: Late Medieval Siege, S. 235-236; PALACKÝ: Der Hussitenkrieg 1419-1431, S. 155-159.*

113 *Vgl.: PALACKÝ: Der Hussitenkrieg 1419-1431, S. 160-162.*

114 *Vgl.: PALACKÝ: Der Hussitenkrieg 1419-1431, S. 171-173.*

115 *Vgl.: ŠMAHEL: Hussitische Revolution II, S. 1352.*

116 *Vgl.: STÖLLER: Österreich im Kriege gegen die Hussiten, S. 35.*

Eine weitere, detailreiche **Darstellung einer Blide** in der Talhoffer Fassung der Bellifortis von 1459.
http://www.kb.dk/da/nb/materialer/haandskrifter/HA/e-mss/thalhofer/thott-2_290.html

der Burg Konitz zu treiben. Doch der Tunnel stürzte ein und begrub die meisten der Arbeiter unter sich. Nur vier Mann konnten von den Ordensrittern gerettet werden.[117]

Die Belagerungsartillerie der Hussiten setzte sich sowohl aus modernen schweren Bombarden als auch konventionellen Wurfgeschützen zusammen. So teilte Kurfürst Friedrich I. von Sachsen dem Rat von Halle am 10. Dezember 1424 mit, *„daz die keczcer in großer sampnunge syn unde nemlich vir grosse her habin und haben virczen blyden unde buchsen unde andern geczug mehir, denne sie y gehabt habin, - unde habin sich gereite vor Außk gelagert und meynen, daz zcu notigen unde zcu gewinnen.“*[118]

Innerhalb Böhmens arbeiteten die Hussiten sehr erfolgreich bei Belagerungen, wobei sie auf einen massiven Artillerieeinsatz setzten. In den letzten Dezembertagen 1420 belagerten sie beispielsweise das feste Schloss Kunratice, das eine der wichtigsten Handelsstraßen kurz vor Prag blockierte. Die Hussiten besetzten eine nahe gelegene Anhöhe, wo sie mehrere schwere Bombarden und drei große Bliden auffuhren. Diese eröffneten ein so effektives Feuer auf das Schloss, dass sämtliche Dächer zerstört wurden. Nach vierwöchiger Belagerung willigte der Kommandant Ritter von Fulstein am 25. Januar 1421 in die Kapitulation ein. Die Burg wurde anschließend niedergebrannt und nie wieder aufgebaut.[119]

Mit noch größerem Aufwand belagerten die Hussiten im Folgejahr die Burg Karlstein. Sie errichteten vier „Batteriestellungen“ für Bliden und Geschütze und beschossen die Festung von allen Seiten, sodass sie ebenfalls schwer beschädigt wurde. Insgesamt sollen die fünf Katapulte der Hussiten 9.032 Steine, 1.822 Fässer Unrat und 22 Feuertonen in die Burg geworfen haben. Als Unratfässer wurden auch die Kadaver von Pferden, Rindern, Eseln und Schafen gezählt, die die Belagerer über die Mauer der Burg warfen, in der Hoffnung, dass innerhalb der Besatzung Seuchen ausbrechen würden. Dennoch widerstand die Besatzung der auf einem steilen Felssporn gelegenen Bergfestung der Belagerung und konnte einen Waffenstillstand aushandeln.[120]

Generell hing es von der Größe des belagerten Objekts und den geografischen Gegebenheiten ab, ob eine Belagerung von allen Seiten oder auf einen Punkt konzentriert voran getrieben wurde. Im Regelfall wurde an einem dominierenden Punkt im Gelände ein schwer befestigtes Hauptquartier errichtet. Die Burg oder die zugänglichen Bereiche wurden durch einen Graben von der Außenwelt abgeschnitten. Zum Schutz vor Ausfällen wurde der Auswurf zu einem Wall aufgeschüttet, in welchen die Hussiten oftmals hölzerne Bastionen einsetzten. Mitunter bestanden diese Bastionen aus vorgefertigten Teilen, die für die Belagerung mitgeführt wurden. Die Wurf- oder Pulvergeschütze wurden in einer oder mehreren rechteckigen, runden oder polygonalen Batteriestellungen zusammengefasst. Bei der Belagerung der Burg Lichnice 1428 wurde ein eigenes Belagerungsfort mit fünf Bastionen errichtet. Während der Belagerung von Grabstein wurde ein ähnliches Fort 250 Meter von der Burg entfernt errichtet, an einem Punkt, der zudem fünf Meter erhöht lag. Diese Forts konnten im Fall eines Entsatzversuches nach allen Seiten verteidigt werden.[121]

Auffällig ist, dass die Hussiten zwar bei Belagerungen in Böhmen sehr ausdauernd zu Werke gegangen sind, jedoch gerade an den deutschen Städten oftmals scheiterten. Die großmittelalterlichen deutschen Städte waren gut befestigt. Viele verfügten über moderne Kanonen und gut gefüllte Zeughäuser, um ihre Bürgerschaft zu bewaffnen. Die Hussiten scheuten langwierige Belagerungen dieser Städte. Ihre Heerzüge außerhalb Böhmens dienten der Requirierung von Lebensmitteln, nicht der dauerhaften Besetzung. Widerstand eine Stadt daher den ersten Anstürmen der Hussiten, hatte sie gute Chance, dass diese die Belagerung abbrachen und weiterzogen. Die Belagerung Bautzens 1429 dauerte gerade einmal drei Tage und wurde beendet, nachdem der Anführer der Hussiten bei einem gescheiterten Sturmversuch an den Mauern der Stadt gefallen war. Görlitz an der Neiße wurde nie wirklich von den Hussiten belagert. Zwar erschienen hussitische Heere mehr als ein halbes Dutzend Mal vor der Stadt und brannten die Vororte nieder. Gegen die starken Mauern von Görlitz wagten sie aber nicht vorzugehen. Gleiches gilt für die befestigte Grenzstadt Zittau. Als die Hussiten im Januar 1429 vor Schweidnitz erschienen, fanden sie die Stadt gut auf einen Angriff vorbereitet: *„Da sy nu sogin, das dy weren*

117 *Vgl.: Šmahel: Hussitische Revolution III, S. 1580-1581.*

118 *Zit.: CDS I B 4, Nr. 386, Nr. 251. [dass die Ketzer sich versammelt haben und nämlich vier Heere haben und vierzehn Büchsen und Bliden und anderes Zeug mehr, dass sie haben. Und sie haben sich gerade vor Außig gelagert und meinen das zu nötigen und zu gewinnen.]*

119 *Vgl.: Purton: Late Medieval Siege, S. 236; Palacký: Der Hussitenkrieg 1419-1431, S. 199-200.*

120 *Vgl.: Purton: Late Medieval Siege, S. 236-237; Palacký: Der Hussitenkrieg 1419-1431, S. 321.*

121 *Vgl.: Purton: Late Medieval Siege, S. 237-238.*

von Gotis Gnaden alle wol bestalt worden, vnd das man vndir rechte sere schos mit Büchsen, pischaln ec da gingen sie abe und branten des dy fürstat recht sehre."[122] Auch die schlesischen und lausitzischen Städte hatten zu diesem Zeitpunkt ihr Arsenal an modernen Kanonen und Büchsen erheblich erweitert. Die Belagerung von Konitz in Preußen 1433 wurde von den Hussiten nach sechs Wochen abgebrochen, da ihnen die Vorräte ausgingen.[123]

SPIONE UND ATTENTÄTER

In Sachsen berichtete der Rat zu Rochlitz 1426 den Leipzigern, dass man vernommen habe, „*wy das czwene studenten dy stete an legen wollen vnde von den ketczern geld darvmme genommen haben.*"[124] Die Angst vor hussitischen Parteigängern war besonders in Ländern wie der Markgrafschaft Meißen sehr groß. Die Universität Leipzig war zwar ein Sammelpunkt für Theologen, die antihusstisches Schriftgut verfassten, wurde damit aber auch ein potentielles Angriffsziel. Die größte Gefahr sahen die Stadtväter in den durch die Lande ziehenden Studenten selbst. Der oben zitierten Warnung lag daher auch ein detaillierter Steckbrief der potentiellen Attentäter bei. „*Der eyne hat eynen grauwen geflickten mantel an, der ist vnden vmme den hals mit blauwen tuche gefutert vnde hat eyne swarcze vndiroppe an von parchan vnde eyne grauwe kogel uff, so hat der ander eynen grauwen rock an mit angeczogen ermeln vnd eyne swarcze muetcze uffe, vnd hat swarcz har.*"[125]

Auch in den Lausitzen und in Schlesien war die Angst vor Attentätern, die innerhalb der Mauern Feuer legen würden, groß. Im Dezember 1429 erhielt der Rat von Görlitz eine anonyme Warnung: „*Ich habe nest uwern Bürgermeister müntlichen wol awszgerichtet, mit welcher hinderlistiger gescheydikeit vnser fynde dy Ketzer durch jren Reysigen gezewg betrigelichem mynen erschleichen dese Stete alhy im Lande, ader dy in der Slesia.*"[126]

Auch die Angst vor Spionen war groß. Im Sommer 1430 informierte der Herzog von Sachsen den Rat zu Dresden, dass „*eyn bote zcu Sacz sy, der sich hute irhebin und heruß in unsire lande noch kuntschaft gehin solle.*"[127] Der Spion trage eine blaue Kapuze, schwarz-weiße Hose und eine Joppe, in der er seine Briefe verstecke. In einer Zeit, da die meisten Menschen nur einen einzigen Satz Kleidung besaßen, fiel die Beschreibung dieser auf den Steckbriefen stets umfangreicher aus als die physiognomischer Details.

Die „Spione" hatten jedoch sehr oft eine missionarische Funktion. Ihr Hauptaugenmerk galt in erster Linie der Ausbreitung des Glaubens. Auch innerhalb der deutschen Städte, besonders an den Universitäten und Kirchenschulen, gab es gelehrte, meist junge Männer, die sich mit den Ideen Wyclifs und Hus auseinandersetzten. Infolgedessen glaubten Gemeinden darin eine Gefahr nicht nur für den religiösen Frieden sondern auch für die eigene Sicherheit zu sehen. So wurde 1426 ein Bürger in Dresden als vermeintlicher Häretiker und Spion gesackt (in einen Sack gesteckt und in die Elbe geworfen).[128]

In Franken hatten sich dagegen im 14. Jahrhundert kleinere Waldensergemeinden ausgebildet, die den Hussiten theologisch ebenfalls sehr nahe standen. Auch diese boten hussitischen Wanderpredigern Unterschlupf, die von hier aus durch den gesamten Süden des Reiches zogen. Zugleich jedoch bildete die Reichsstadt Nürnberg eines der wichtigsten Zentren antihusstischer Publizistik.[129] Ungeachtet dessen lieferten Nürnberger Kaufleute den hussitischen Städten nicht nur wiederholt Pulver und Waffen, sondern versorgten sie auch mit wichtigen Informationen, was aus wiederholten Beschwerden König Sigismunds und von Papst Martin hervorgeht.[130] Dies wog umso schwerer, da Nürnberg auch ein politisches Zentrum des Reiches war, inwelchem die Fürsten zusammentrafen und Pläne für kommende Kreuzzüge festlegten. Es kann davon ausgegangen werden, dass die Hussiten durch die Kaufleute der Stadt zeitnah sehr gut über diese Vorgänge unterrichtet wurden.

TAKTIK

Über fünfzehn Jahre lang entschieden die Hussiten ihre Feldschlachten mehr oder weniger mit einem „Standardprogramm", das sich aus ihren Erfahrungen in den Gefechten bei Nekmíř und Sudoměř heraus entwickelt hatte. Zum vollendeten Einsatz kam die Wagenburg schließlich 1426 in der Schlacht bei Aussig.

Ganz neu war das Konzept der Wagenburg indessen nicht. Der süddeutsche Kriegstheoretiker Conradis Kyeser (1366-1405) zeigt in seiner Abhandlung „Bellifortis" Beispiele von Kriegswagen und auch der Wagenburg. Kyeser hatte reichhaltige militärische Erfahrungen in Italien und auch in den Feldzügen König Sigismunds gegen die Osmanen gesammelt. Das „Bellifortis" entstand unter dem Eindruck der vernichtenden Niederlage, die Sigismunds Kreuzzugsheer 1396 bei Nikopolis gegen die Türken erlitt, auf der böhmischen Burg Žebrák. Die Illustrationen wurden von königlichen Hofmalern angefertigt. Es ist also nicht unwahrscheinlich, dass das 1405 kurz vor dem Tod Kyesers fertig gestellte Werk böhmischen Adligen im Dienste der Hussiten, vielleicht auch Žižka selbst bekannt war. Immerhin war eine Ausgabe König Wenzel gewidmet und Žižka war zeitweise Hauptmann von dessen Leibwache.[131]

---

*122 Zit.: Palacký: Urkundliche Beiträge II, Nr. 567, S. 13.
[„Da sie nun sagen, dass sie von Gottes Gnaden alle wohl gestellt wären, und das man von hier recht sehr (=intensiv) mit Büchsen, Pischaln (=Handbüchsen) e.t.c schoss, da gingen sie aber und brannten die Vorstadt recht sehr."]*

123 Vgl.: Šmahel: Hussitische Revolution III, S. 1580-1581.

*124 Zit.: CDS II 8, Nr. 158, S. 102.
[„wie das zwei Studenten die Städte anlegen (=anbrennen) wollen und von den Ketzern Geld darum genommen haben."]*

*125 Zit.: CDS II 8, Nr. 158, S. 102; vgl.: Krzenck: Hussitenkriege, S. 61-63.
[„Der eine hat einen grauen geflickten Mantel an, der ist unten um den Hals mit blauem Tuch gefüttert und hat eine schwarze Robe aus Barchent (ein Wollstoff) an und eine graue Gugel auf, so hat der andere einen grauen Rock an mit angezogenen Ärmeln und eine schwarze Mütze auf und hat schwarzes Haar."]*

*126 Zit.: Palacký: Urkundliche Beiträge II, Nr. 624, S. 82.
[Ich habe neulich unserem Bürgermeister mündlich wohl ausgerichtet mit welch hinterlistiger Gescheidigkeit unsere Feinde die Ketzer durch ihren reisigen Gezeug betrüglichen Mienen erschleichen diese Städte all hier im Lande oder in Schlesien.]*

*127 Zit.: Richter: Hussitischer Spion, S. 145.
[Ein Bote zu Saaz sei, der sich heute erheben und heraus in unsere Lande nach Kundschaft gehen solle."]*

128 Vgl.: Meinhard: Dresden und die Ketzerbewegung, S. 110.

129 Vgl.: Machilek: Hussiten in Franken, S. 23-27.

130 Vgl.: Polívka: Handelsbeziehungen, S. 165-166.

*131 Vgl.: Feldhaus: Kyeser, S. 768-769;
Poppolow: Militärtechnische Bildkataloge, S. 259-260.*

Eine hussitische Wagenabteilung

Im Hintergrund ist ein einfacher Proviantwagen zu erkennen. Diese wurden während einer Schlacht innerhalb einer Wagenburg aufgestellt. Der Kriegswagen im Vordergrund ist ausgespannt. Die beiden äußeren Planken sollen die Durchschlagskraft von Geschossen abmildern. Der Armbrustschütze und der Hellebardier gehören zur Wagenbesatzung. Ein Knecht zieht gerade die Fahne mit dem Kelch auf.

Entscheidend für den Erfolg der Hussiten war das disziplinierte Zusammenwirken aller ihnen zur Verfügung stehenden Waffengattungen. Ende der 20iger Jahre versuchten die Kreuzfahrer hussitische Waffensysteme, wie eben die Wagenburg, zu kopieren, scheiterten jedoch damit grandios in den Schlachten bei Tachov und Domažlice. Diese Niederlagen offenbaren, dass der Erfolg der Böhmen nicht an einzelne taktische oder technische Neuerungen geknüpft war, sondern an das Funktionieren des komplexen Zusammenspiels der einzelnen Waffengattungen.

Schon auf dem Marsch bildeten die hussitischen Kriegswagen eine Formation, die sich bei Bedarf schnell zur Wagenburg schließen ließ. Dabei wurden die Wagen so aufgestellt, dass das rechte Vorderrad des einen Wagens das linke Hinterrad des anderen Wagens überlappte. Diese Räder wurden mit Ketten verbunden, sodass die Wagen nicht umgestoßen werden konnten. Eine zeitgenössische Abbildung zeigt auch, dass die äußeren Räder eines Wagens so verkettet wurden, dass sie sich nicht mehr bewegen konnten.

Die Pferde wurden ausgeschirrt und etwas abseits der äußeren Kampflinie bei den Versorgungswagen in Sicherheit gebracht. Die Wagendeichseln wurden senkrecht aufgerichtet, oder ausgebaut. Die Wagenburg war von rechteckiger, seltener von ovaler Form.[132]

Wurden feste Lager gebildet, begannen die Hussiten auch Gräben auszuheben und mit dem ausgehobenen Erdwerk die Räder einzugraben. In bestimmten Abständen wurden Lücken zwischen den Wagen offen gelassen, um den Geschützen ein Schussfeld zu geben. Pavesenträger schlossen diese Lücken im Bedarfsfall mit ihren Schilden ab.[133]

Die Wagen selbst waren mit 15 bis 20 Mann besetzt. Dazu gehörten Armbrust- und Büchsenschützen, einfache Knechte, die Steine auf angreifende Feinde warfen, aber auch Flegler und Spießer, die versuchten, gegnerische Ritter aus ihren Sätteln zu stoßen oder zu ziehen. Im Lager sammelte sich die Masse des Fußvolks und wartete auf den geeigneten Moment zum Gegenstoß.[134]

Es war nicht ungewöhnlich, dass bewährte Kämpfer kurz vor der Schlacht noch zum Ritter geschlagen wurden, um ihre persönliche Motivation zu steigern und ihre Kameraden anzuspornen. Dies geschah zum Beispiel kurz vor der Schlacht bei Kuttenberg im Dezember 1421.[135]

Idealerweise errichteten die Hussiten ihre Wagenburgen auf dem Gegenhang eines Hügels, d.h. kurz unterhalb der Hügelkuppe. Dies hatte den Vorteil, dass ihr Lager selbst vor feindlichem Artilleriebeschuss gedeckt war, während ihre Haubitzen den Gegner immer noch unter ein effektives Feuer nehmen konnten. Außerdem ermüdete ein Angriff hügelaufwärts die Pferde gegnerischer Ritterheere sehr schnell. Teilweise waren die Hügel, die die Hussiten als Standort auswählten, so steil, dass ihre Gegner, wie in der Schlacht bei Horic 1423 absitzen und zu Fuß angreifen mussten. Das Gewicht der Rüstungen ermüdete die Ritter in diesem Fall nur umso schneller. Über einen Kampf Žižkas in Ungarn im selben Jahr heißt es: „*Als aber sie* [die Ungarn, Anm. d. A.] *ihn* [Žižka] *anzugreifen unternahmen, indem die Reiter absaßen und zu Fuß gegen ihn stürmten, so wurden sie von ihm niedergeschlagen; denn anders ist die Geschicklichkeit der Reiter zum Kampf, anders des Fußvolks, weil es jenen eine ungewohnte Sache.*“[136] Die Wagenburgen bildeten schließlich unüberwindliche Hindernisse für spätmittelalterliche Krieger zu Ross und zu Fuß. Zwar wäre es möglich gewesen, einzelne Wagen mit Hilfe von Seilen umzuwerfen, doch die zusammen geketteten Kriegswagen bildeten eine nahezu undurchdringliche Mauer. Auf kurze Distanz schlug den Ritterheeren schließlich ein tödlicher Hagel aus Armbrustpfeilen und Büchsenkugeln entgegen. Auch die größeren Kanonen schossen seltener Vollkugeln als eine Ladung aus mehreren Blei-, Stein- oder Tonkugeln, ähnlich späterer Kartätschen ab. Dabei kam dem enormen Lärm, denn die Feuerwaffen verursachten, zu dieser Zeit fast noch mehr Bedeutung bei, als den ausgespienen Geschossen, da ein Zielen mit den unpräzisen Büchsen nicht einfach war. Der enorme Donnerhall übertraf die Wirkung der Geschosse bei weitem. Denn die Streitrösser des frühen 15. Jahrhunderts waren noch kaum an diese Art von Schlachtenlärm gewöhnt. Sie reagierten verstört, versuchten auszubrechen und brachten damit große Unordnung in die angreifenden Reihen. Die Hussiten versuchten diesen Effekt noch zu steigern, indem sie, wie bei Aussig, ihre Geschütze in einer geschlossenen Salve abfeuerten. Da das Laden sehr zeitintensiv war und diese Salven auf kurze Distanz abgegeben wurden, muss davon ausgegangen werden, dass die Schwarzpulverwaffen in den Feldschlachten in der Regel ein einziges Mal abgefeuert wurden und dann das Fußvolk den Kampf aufnahm.[137]

Erlahmte die Kraft des feindlichen Angriffs oder zeigten die gegnerischen Streitkräfte erste Anzeichen von Panik, setzten die Hussiten zum Gegenstoß an. Das Fußvolk strömte aus der Wagenburg hervor, zunächst an den Seiten, um den frontal attackierenden Gegner in die Flanke zu fallen. Mitunter schufen die Hussiten ihren Gegnern auch Möglichkeiten, sich an der Wagenburg festzubeißen, wie bei Aussig, wo die Sachsen teilweise in den Wagenring einbrechen konnten. Derartig in der Front gebunden waren die Flanken und der Rückraum der Reiterheere besonders anfällig für schnelle, kraftvolle Gegenstöße. Da die Reiter einen ihrer wichtigsten Vorteile - die Wucht des Angriffs – verloren hatten, konnte das Fußvolk seinen größten Vorteil, die zahlenmäßige Überlegenheit, ausspielen. Zu Mehreren zogen die hussitischen Spießer und Flegler die Ritter aus den Sätteln und gaben ihnen den Rest.[138]

In dieser letzten Phase des Kampfes griffen auch die auf hussitischer Seite kämpfenden Ritter und ihre berittenen Knechte ins Kampfgeschehen ein. Mit ihren frischen Pferden nahmen sie die Verfolgung des geschlagenen Gegners auf.[139] Beschränkten sich mittelalterliche Schlachten oft auf das

132 *Vgl.: Turnbull: Hussite Wars, S. 34; Berger: Kampfkraft der Hussiten, S. 107; Kroener: Kriegswesen, S. 11; Delbrück: Geschichte der Kriegskunst, S. 566-567.*

133 *Vgl.: Turnbull: Hussite Wars, S. 34-35; Delbrück: Geschichte der Kriegskunst, S. 566.*

134 *Vgl.: Turnbull: Hussite Wars, S. 34; Durdík: Hussitisches Heerwesen, S. 172-174; Delbrück: Geschichte der Kriegskunst, S. 567.*

135 *Vgl.: Palacký: Der Hussitenkrieg 1419-1431, S. 269; Durdík: Hussitisches Heerwesen, S. 172-174.*

136 *Zit.: Delbrück: Geschichte der Kriegskunst, S. 569.*

137 *Vgl.: Turnbull: Hussite Wars, S. 37-39; Durdík: Hussitisches Heerwesen, S. 174; Berger: Kampfkraft der Hussiten, S. 107; Delbrück: Geschichte der Kriegskunst, S. 568.*

138 *Vgl.: Turnbull: Hussite Wars, S. 38-39; Durdík: Hussitisches Heerwesen, S. 174-175.*

139 *Vgl.: Turnbull: Hussite Wars, S. 39; Durdík: Hussitisches Heerwesen, S. 174-175.*

bloße Zusammenprallen der Heere auf dem Schlachtfeld, war es nicht unüblich, dass die Hussiten ihren Gegnern über mehrere Kilometer nachsetzten und somit einfache Niederlagen in militärische Katastrophen verwandelten. Auf diese Art und Weise wurden etliche Feldzüge durch eine einzige große Feldschlacht entschieden und nur so gelang es der Bewegung zu verhindern, dass die vielen aus allen Himmelsrichtungen im Land einfallenden Heeresmaßen sich vereinigten. Auf Grund des disziplinierten Zusammenwirkens von Wagen, Geschützen, Fußvolk und Reiterei, deren Einsätze einem strengen Ablaufplan folgten und aufeinander abgestimmt waren, kann im Zusammenhang mit hussitischer Kriegstaktik auch vom Kampf mit verbundenen Waffengattungen gesprochen werden.

Jan Žižka wich nur ein einziges Mal wesentlich von diesem defensiven Vorgehen ab, 1424 bei Maleschau (Malešov). Allerdings nutzte er auch hier eine vorteilhafte Höhenstellung aus. Da der Hügelrücken, über den seine Feinde attackieren konnten, nur sehr schmal war, die Angriffsfront also auf wenige Meter beschränkt blieb, ließ er mit Steinen beladene Wagen den Hügel hinab rollen. Er verzichtete also auf den defensiven Moment, sondern stoppte den feindlichen Angriff durch einen sofortigen, wuchtigen Gegenstoß.[140]

Die hussitische Wagenburgtaktik war speziell auf die Schwächen der ihnen gegenüber stehenden Armeen abgestimmt. Obwohl die Kreuzfahrerheere vermehrt Artillerie mit sich führten, setzten sie diese in der Schlacht nur selten ein. Das Fußvolk war lediglich eine Hilfstruppe für die Reiterei. Ihr fehlten die Geschlossenheit und die Angriffswucht der frühen Schweizer Landsknechte. Dabei wären die beiden offensiv ausgerichteten Elemente, Artillerie und Fußvolk, durchaus in der Lage gewesen, die defensiven hussitischen Wagenburgen effektiv anzugreifen. Aber auch den Kreuzfahrerheeren stand ein sehr simples Mittel offen, welches sie nicht erkannten. Da die Hussiten jegliche Initiative zu Beginn einer Schlacht abgaben, wäre es denkbar gewesen, diese ebenfalls zu verweigern, die Wagenburg zu umzingeln und durch Aushungern dazu zu zwingen, sich in Bewegung zu setzen, womit die Formation hätte geöffnet werden müssen. Dass die Kriegswagen offensiv eingesetzt werden konnten, indem sie wie antike Streitwagen mit hoher Geschwindigkeit einen Gegner einkreisten, ist inzwischen längst von der Forschung zurückgewiesen worden. Für solche tollkühnen Manöver waren die Wagen zu schwer und die Zugpferde zu schwach. Hussitische Kriegswagen erreichten höchstens Schritttempo. Außerdem wären die Pferde in einem solchen Manöver viel zu anfällig gegenüber feindlichen Geschossen. Schon der Tod eines einzigen Zugpferdes hätte den Plan, einen Gegner mit den Kriegswagen einzukreisen, durchkreuzt.[141]

Nur ein einziges Mal wurden die Hussiten gezwungen, ihre Wagenburg aufzulösen. 1431 wurde ein Heer der Waisen in Ungarn von einem Heer mit einer großen Anzahl leichter Reiter eingekreist und zur Schlacht gestellt. Die Hussiten versuchten sich in enger Ordnung zurückzuziehen und schlossen im Fall eines drohenden Angriffs sofort ihre Reihen. Nur das unkoordinierte Vorgehen der Ungarn rettete das Feldheer vor der totalen Vernichtung. Trotzdem endete der Feldzug mit einer Niederlage. Diesmal konnten die siegesgewohnten Ketzer keine Beute mit nach Hause führen.

Den deutschen Heeren fehlte es zwar an leichter Reiterei, doch selbst wenn sie nur einen Bruchteil der Stärke erreicht hätten, die die Chronisten ihnen zuschrieben, wäre es ihnen möglich gewesen, eine hussitische Wagenburg effektiv einzuschließen.

Auf freiem Feld, außerhalb des Schutzes der Wagenburg, zeigten sich die Hussiten dagegen sehr anfällig. 1421 wurde eine ihrer Armeen durch ein meißnisches Heer unter Friedrich dem Streitbaren bei Brüx besiegt. Die Hussiten hatten ihre Wagenburg verlassen, um die Meißner überraschend zu überfallen, wurden in offener Feldschlacht geschlagen und flohen, sodass ihre Feinde auch die Wagenburg stürmen konnten. 1428 wurde ein anderes hussitisches Heer, welches sich auf der Rückkehr von einem Beutezug befand, bei Kratzau von einem Lausitzer Aufgebot schwer geschlagen. Die Lausitzer waren den Hussiten ungehindert nahe gekommen und hatten sie attackiert, ehe diese ihre Wagenburg schließen konnten. Auf ähnliche Art und Weise errang ein Pfälzer Aufgebot 1433 einen spektakulären Erfolg bei Hiltersried.[142] Wurden die Hussiten selbst offensiv oder hatten sie ihre Defensivstellung nicht vollständig eingenommen, waren sie also durchaus verwundbar.

Es gelang den Hussiten so oft Schlachten zu gewinnen, indem sie ihr „Standardprogramm“ einfach in die Tat umsetzten, dass schließlich ein Punkt erreicht wurde, an welchem ein erfahrener Heerführer die hussitische Taktik gegen diese anwendete. Diviš Bořek z Miletínka hatte ursprünglich an der Seite Jan Žižkas gekämpft, wechselte später jedoch in das Lager der gemäßigteren Kalixtiner. Hier entwickelte er sich nicht nur zu einem der führenden politischen Köpfe, sondern auf Grund seiner Erfahrung im Kriegshandwerk auch zum Befehlshaber eines vereinten hussitisch-katholischen Heeres, das am 30. Mai 1434 die Taboriten und Waisen in der Schlacht bei Lipany schwer schlug. Miletínka führte mit seinem zahlenmäßig überlegenen Heer einen Angriff auf die Wagenburg seiner Gegner aus. Nach einem kurzen Artillerieduell täuschte er einen Rückzug vor, der die Taboriten und Waisen dazu veranlasste, die Verfolgung aufzunehmen. Nachdem er seinen Feind auf diese Weise aus der sicheren Wagenburg gelockt hatte, gelang es Miletínka auf offenem Feld seine zahlenmäßige Überlegenheit auszuspielen und errang einen entscheidenden Sieg. Sein Heer eroberte die Wagenburg der Radikalen, wobei Prokop der Große fiel.[143]

Auf ähnliche Art und Weise war es den Schlesiern am 9. August 1427 gelungen, die Waisen nahe Nachod zu schlagen. Sie wurden zunächst von den Hussiten über den Haufen geworfen und in die Flucht geschlagen. Als ihnen die Rückzugswege versperrt wurden, gingen sie jedoch mit dem Mut der Verzweiflung zum Gegenangriff über und schlugen die Hussiten zurück. Es ist allerdings nicht bekannt, ob diese vor der Schlacht eine Wagenburg formiert hatten.[144]

Die hussitischen Heere waren also keineswegs unüberwindbar. Aber anscheinend waren die Erfolge der Kreuzfahrer mehr dem Zufall, beziehungsweise individuellen Fehlern der

140 *Vgl.: Durdík: Hussitisches Heerwesen, S. 175, 214-221.*

141 *Vgl.: Rogers: Tactics, S. 216; Wulf: Wagenburg, S. 11-23; Nicholson: Medieval Warfare, S. 58; Delbrück: Geschichte der Kriegskunst, S. 571-573; dennoch schildert selbst der jüngste Žižka-Biograf solche Manöver, vgl.: Verney: Warrior of God, S. 27-29.*

142 *Vgl.: Winkler: Hiltersried.*

143 *Vgl.: Durdík: Hussitisches Heerwesen, S. 242-247.*

144 *Vgl.: Wulf: Wagenburg, S. 18-20; Palacký: Der Hussitenkrieg 1419-1431, S. 451.*

Hussiten geschuldet, sodass sie keine taktischen Lehren daraus zu ziehen im Stande waren. Von daher kann nur Miletínkas Vorgehen bei Lipany als bewusste Ausnutzung der taktischen Schwächen der Wagenburg angesehen werden. Er war derjenige, der nicht nur das Heer der Taboriten und Waisen zerschlug, sondern den taktischen Nimbus, der mit der Wagenburg einher ging, regelrecht vernichtete.

AUSWIRKUNGEN DES HUSSITISCHEN HEERWESENS AUF ANDERE EUROPÄISCHE HEERE

Einer der ersten europäischen Fürsten, der aufgrund der hussitischen Erfolge sein Heer modernisierte, war Herzog Albrecht von Österreich. Ihn beeindruckte vor allem die Größe der hussitischen Aufgebote. Daher ließ er in seinem eigenen Land zunächst die männliche wehrfähige Bevölkerung im Alter zwischen 16 und 70 Jahren erfassen. Außerdem verlangte er von den Städten und Burgen genaue Inventarlisten des vorhandenen Kriegsgeräts. Da Österreich eines der ersten außerböhmischen Angriffsziele der Hussiten darstellte, versuchte der Herzog auch mit großem Aufwand die Grenzbefestigungen zu verbessern.[145]

Nach den schlechten Erfahrungen, die Albrecht in den Feldzügen 1424 und 1425 mit den Landwehren gemacht hatte, erließ er im Februar 1426 eine Verordnung zur Landesverteidigung, die ihm ein festes Heer von je 1.000 Reitern der Ritterschaft und der Städte, sowie 1.500 aus den kirchlichen Einrichtungen versicherte. Außerdem sollten die Städte 24.000 und die Priesterschaft 43.000 Florin zur Finanzierung dieser Truppen aufbringen. Auch die Befestigungen einiger Städte wurden modernisiert.[146]

Am 28. April 1431 erließ der Herzog eine neue, nun stark an hussitische Vorbilder angelehnte Heeresordnung. Jeder zehnte Mann der ansässigen Bevölkerung sollte für den kommenden Feldzug aufgebracht werden. Je 20 Mann hatten einen Wagen zu bemannen und durften sich einen „Führmann“ wählen.[147]

Bekräftigt durch seine Erfolge im Jahr 1431 reduzierte Herzog Albrecht den Söldneranteil in seinem Heer auf ein Minimum von 1.000 Mann und setzte vermehrt auf das Landesaufgebot und die Ritterschaft. Er teilte sein Land in sechs „Viertel“, deren Aufgebote unter vier Viertelhauptleuten gebildet wurden. An der Spitze des Heeres stand ein oberster Hauptmann. Die kleinste taktische Einheit der Armee bildete ein Infanteriehaufen von 200 Mann und einem Wagen. Der Adel hatte im Fall der Landesverteidigung vollständig *„mit diener, pherten, harnasch, wer und ander natturften“*[148] zu erscheinen, bei Feldzügen außerhalb des Landes mit 500 Reitern.

Die Lausitzer Sechsstädte setzen von Beginn an wesentlich stärker auf ihre bürgerlichen und bäuerlichen Aufgebote, als andere Kriegsteilnehmer. In einer Einigung über gemeinsame Aufgebote mit den schlesischen Fürsten von 1421 wird unter anderen beschrieben, dass auf 10 Mann Fußvolk ein Begleitwagen zu kommen habe. *„Nemlich itzlich waijn sol haben eine kethe, die man nennt eine landzocht, zwey brethe, zwei grabescheit, eine schauffel, zwu zcoe, eine haue adir zwu. Vnd itzlicher sol seine beste were mit jm nehmen, also spisse, armbroste vnd suste so er beste mag.“*[149]

Auch die Markgrafen von Meißen entschlossen sich im Juli 1424 zur Aufstellung einer Landwehr, *„umb besser frides, nuczes und schirmes willen.“*[150] Der Anteil von Büchsenschützen und auch der Artillerie in den sächsischen Aufgeboten nahm erheblich zu. Wie in Böhmen ermöglichte hier die Finanzkraft der Städte die Anschaffung der teuren Waffen. So schrieb die Kurfürstin Katharina am 26. Mai 1426 an den Rat der Stadt Leipzig wegen der städtischen Truppe die zum Entsatzheer nach Aussig stoßen sollten, „[d]*ououn begern wir ernstlich, das ir geritten vnde vff waynen mit ganczir macht vff den dinstag nach Bonifacii gein Dresden komet vnde hantbuchsen vnde tarrasbuchsen, puluer vnde andere gerete dorczu.“*[151] Auch der Kriegsflegel gewann in den 1430er/40er Jahren große Beliebtheit in Meißen und wurde zu einer Standartwaffe der Fußtruppen.[152]

Als der Reichstag zu Nürnberg 1430 die Aufstellung eines Heeres zur Wiederherstellung des Landfriedens in Böhmen beschloss, hieß es: *„Item der bischoff von mencz, der bischoff von kolln, der bischoff von Tryren, der falczgraffe vom Reyne sullin eyn hehr vnd eyn wagenburg haben vnd yren streit bestellen.“*[153] Auch die Herzöge von Sachsen und Braunschweig, die Landgrafen von Thüringen und Hessen, der Kurfürst von Brandenburg, die Bischöfe von Würzburg, Hildesheim, Halberstadt, Maitburg und Bobinburg, die schwäbische und fränkische Ritterschaft, die schlesischen und lausitzischen Fürsten, die Reichsstädte und der Herzog von Österreich wurden explizit dazu aufgefordert Wagenburgen zu stellen. Außerdem wurde die Zusammensetzung des Fußvolkes nach hussitischem Vorbild nun genau festgelegt: *„Item was eyn yczlicher furste, hirre ader stad fussgenger ader wepener brenget, dy sullen gleich halb buchsen, halb armbrost haben mit pheylen, pley, puluer vnd was dazu gehoret. Also sul man vber X fussgenger eynen hewptmann geben, vnd vber hundert eynen hewptman, vber tawsint*

145 *Vgl.: Stöller: Österreich im Kriege gegen die Hussiten, S. 17-18.*

146 *Vgl.: Stöller: Österreich im Kriege gegen die Hussiten, S. 37-38.*

147 *Vgl.: Stöller: Österreich im Kriege gegen die Hussiten, S. 66.*

148 *Zit.: Stöller: Österreich im Kriege gegen die Hussiten, S. 71. [Mit Diener, Pferden, Harnisch, Wehr und anderer Natturften (=Dinge)]*

149 *Zit.: Palacký: Urkundliche Beiträge I, Nr. 150, S. 150. [Nämlich jeder Wagen soll haben eine Kette, die man eine Landzucht nennt, zwei Bretter, zwei Grabenscheite (eine Art Spaten), eine Schaufel, zwei Sägen(?), eine Haue oder zwei. Und jeder soll seine beste Wehr mitnehmen, also Spieße, Armbrüste und Waren, so er am besten mag.*

150 *Zit.: CDS I B 4, Nr. 360, S. 229. [um des besseren Frieden, Nutzen und Schirmes (=Schutzes) willen.]*

151 *Zit.: CDS II 8, Nr. 152, S. 100 [darum begehren wir ernstlich, dass ihr beritten und auf Wagen mit ganzer Machst auf den Dienstag nach Bonifazius (5. Juni) gen Dresden kommt und Handbüchsen und Terassbüchsen, Pulver und andere Geräte dazu.].*

152 *Vgl.: Dolínek/Durdík: Historische Waffen, S. 152.*

153 *Zit.: Palacký: Urkundliche Beiträge II, Nr. 731, S. 198. [Auch der Bischof von Mainz, der Bischof von Köln, der Bischof von Trier, der Pfalzgraf bei Rhein sollen ein Heer und eine Wagenburg haben und ihren Streit beilegen.]*

eynen hewptman."[154] Gleichzeitig regelte der Aufruf, wie viele Geschütze die einzelnen Fürsten zu stellen hatten. Der Herzog von Sachsen, als einer der mächtigsten Reichsfürsten, sollte 14 Stein- und eine Feuerpfeilbüchse mit auf den Kriegszug bringen. Hier werden auch explizit „*camer buchsen*" erwähnt.

Ähnlich wie in Böhmen spielten die Städte auch im Reich eine entscheidende Rolle bei der Stellung von Geschützen, die sich die Fürsten selbst meist nicht leisten konnten. Schon 1420 forderte König Sigismund von den Lausitzer Sechsstädten, sie mögen für den kommenden Kreuzzug „*ihre grösseste Büchse, die sie in ihren Städten hätten, aufladen und sich dazu schicken.*"[155]

Artillerie spielte bei den Kreuzzugsheeren von Beginn an, zumindest für Belagerungen, eine große Rolle. Als der 2. Kreuzzug im Sommer 1421 die Stadt Maleschau erreichte, berichtete ein Nürnberger Söldner, wie die Heerführer „*vnser püchsen vnd zewgs auch darczu begerten.*"[156] In der oben erwähnten Einigung der schlesischen Fürsten und der Sechsstädte von 1421 findet auch bereits ein gewaltiges Artilleriearsenal Erwähnung: „*Item die Sweidnitzer land vnd stete sullen mit jm nehmen eine große bochse, 15 tarrasssteinbüchsen vnd 100 pisschullen* [Pistolen, bzw. Handbüchsen, Anm. d.A.]. *Item die andern fursten vnd land vnd stete werden och mete nehmen iglicher nach seinem anslage. Summa summarum der bochsen, 20 grosse bochsen, damite man mawren fellen mag, 300 tarrasssteinbüchsen, 2000 pisschullen.*"[157]

Für den Vierten Kreuzzug 1427 sollten insgesamt 211 Büchsen aller Art bereit gestellt werden. Den Löwenanteil von fast einem Drittel, 79 Büchsen, stelle die Reichsstadt Nürnberg, was deren wirtschaftliches Potential eindrucksvoll unterstreicht. Dagegen stellte München gerade einmal ein einziges Geschütz.[158]

Kurfürst Friedrich I. von Brandenburg erbat sich im Januar 1430 von der Stadt Nürnberg große Kanonen und Personal, um diese zu bedienen. „*Vnd als ewr fürstenlich gnade zweyr püchsen vnd püchsenmeysters von vns begert hat, also wellen wir ewern gnaden zwo püchsen einen puchsenmeister vnd etwieuil steyn vnuerzogenlich leihen.*"[159]

Trotzdem muss festgehalten werden, dass sich die wichtigsten technischen Innovationen der Hussiten, der Kriegswagen und der massive Feuerwaffeneinsatz, entweder nicht direkt, oder nicht dauerhaft durchsetzen. Der Kriegswagen überholte sich im 16. Jahrhundert, da die Heere Europas sich verstärkt an den Gewalthaufen der Schweizer Landsknechte orientierten, die eine große Offensivkraft besaßen. Das Feldartilleriewesen verlor in der zweiten Hälfte des 15. Jahrhunderts, abgesehen von der burgundischen Armee Karls des Kühnen, die Bedeutung, die es noch unter den Hussiten besessen hatte.[160]

Auch auf den Burgenbau außerhalb Böhmens hatte die Hussitenbewegung einen maßgeblichen Einfluss. Deutsche Baumeister orientierten sich entweder direkt an böhmischen Vorbildern oder entwickelten eigene Ideen, um die Wehrbauten im Reich resistenter gegenüber den mit starken Geschützen versehenen Hussitenarmeen zu machen. Dies macht sich vor allem durch die Integrierung runder, D- oder hufeisenförmiger Ecktürme innerhalb der Mauern bemerkbar. Außerdem haben wissenschaftliche Untersuchungen nachgewiesen, dass verschiedene Schießschartenformen für Hakenbüchsen im Reich früher als bisher angenommen, nämlich in den 1420er und 1430er Jahren, an Burgen verwendet wurden. Dazu zählen Spaten-, Rund- und Schlüsselloch, sowie T-Scharten, manchmal miteinander kombiniert. Diese Schießscharten sind mitunter sehr steil in den Turm gesetzt und teilweise in kleinen Stufen „abgetreppt", um eindringende Geschosse abzulenken.[161]

Im bayerischen Raum lassen sich diese Maßnahmen schon sehr früh nachweisen. Die Festung Königstein an der Donau wurde um 1410 zum Schutz des Herzogtum Bayern errichtet. Wegen der Hussitengefahr wurde der Ausbau der Anlage zwischen 1421 und 1424 verstärkt voran getrieben und unter anderem ein Zwinger errichtet.[162] 1429 begann Herzog Ludwig VII. von Bayern-Ingolstadt mit der massiven Verstärkung der Stadtbefestigungen von Schärding, in die die fortifikatorischen Erkenntnisse der Zeit einflossen.[163]

---

154 *Zit.: Palacký: Urkundliche Beiträge II, Nr. 731, S. 199. [Auch was ein jeder Fürst, Herr oder Stadt Fußgänger oder Gewappnete aufbringt, die sollen gleichmäßig die Hälfte Büchsen, die Hälfte Armbrüste haben mit Pfeilen, Blei, Pulver und was dazu gehört. Also soll man über 10 Fußgänger einen Hauptmann geben und über hundert einen Hauptmann, über tausend einen Hauptmann.]*

155 *Zit.: Palacký: Urkundliche Beiträge I, Nr. 13, S. 21.*

156 *Zit.: Palacký: Urkundliche Beiträge I, Nr. 135, S. 145. [unsere Büchsen und Zeug auch dazu begehrten.]*

157 *Zit.: Palacký: Urkundliche Beiträge I, Nr. 140, S. 150-151. [Auch die Schweidnitzer Landschaft und Städte sollen mitnehmen eine große Büchse, 15 Terasbüchsen und 100 Pischullen. Außerdem werden auch die anderen Fürsten und Landschaften und Städte mitnehmen, jeder nach seiner Anlage. Summa summarum der Büchsen, 20 große Büchsen, damit man Mauern fällen kann, 300 Terassbüchsen, 2000 Pischullen.]*

158 *Vgl.: Bleicher: Das Herzogtum Niederbayern, S. 141-142.*

159 *Zit.: Palacký: Urkundliche Beiträge II, Nr. 634, S. 94. [Und als eure fürstlichen Gnaden zwei Büchsen und Büchsenmeister von uns begehrt hat, also wollen wir euer Gnaden zwei Büchsen, einen Büchsenmeister und etlich viele Steine unverzüglich leihen.]*

160 *Vgl.: Lugs: Handfeuerwaffen I, S. 15.*

161 *Vgl.: Zeune: Hussitenzeitliche Wehrelemente, S. 130-132, 150-152.*

162 *Vgl.: Bleicher: Das Herzogtum Niederbayern, S. 186-187.*

163 *Vgl.: Bleicher: Das Herzogtum Niederbayern, S. 188.*

HEERFÜHRER

Zum Abschluss dieses Bandes soll eine Handvoll der wichtigsten militärischen und politischen Führer der Hussiten kurz vorgestellt werden. Eine vollständige lexikalische Erfassung aller Feldhauptleute dieser kriegerischen Zeit fehlt bisher. Im Folgenden werden daher nur einige wenige Feldherren vorgestellt, die für eine bestimmte Periode oder Art der hussitischen Kriegsführung repräsentativ sind.

Spätere Darstellung Jan Zizkas
Der Helm und die Rüstung entsprechen eher antiken Vorbildern.
Grafik aus dem Klebeband Nr. 1 der Fürstlich Waldeckschen Hofbibliothek Arolsen
Quelle http://digi.ub.uni-heidelberg.de/fwhb/klebeband1
Wikimedia Commons, lizenziert unter CreativeCommons-Lizenz CC-BY-SA 3.0 DE

Jan Žižka

Jan Žižka entstammte dem niederen böhmischen Adel und wurde vermutlich um 1370 in Trocnova, im Südwesten des Landes, geboren. 1384 verkaufte er jedoch die väterlichen Güter und ging nach Prag, wo er am Hof König Wenzels diente. Sein eines Auge erblindete wahrscheinlich in früher Jugendzeit. Bereits 1378 taucht in den Quellen sein Beiname Žižka („der Einäugige") auf. Er war zweimal verheiratet, beide Male hieß die Frau Katharina. Über die erste ist kaum mehr als dieser Name bekannt, und der Umstand, dass sie im Kindbett ihrer Tochter starb. Von der zweiten Frau geben die Quellen ebenfalls nur den Namen preis. Žižkas Tochter machte eine familienpolitisch glückliche Heirat. Als Frau Peter von Dubá heiratete sie in eine der damals bedeutendsten böhmischen Familien ein.[164]

164 *Vgl.: Verney: Warrior of God, S. 12-13.*

Žižka hingegen stieg am Hofe des Königs in die Position eines Jagdmeisters auf. Zwar besaß er kein eigenes Land mehr, das wichtigste Kriterium, woran Adelige in dieser Zeit gemessen wurden, aber diese neue Rolle unterstreicht eine gewisse Nähe zum König. Doch schließlich wurde Žižka in die innerböhmischen Schwierigkeiten hineingezogen. Wenzels Herrschaft war alles andere als stabil. Žižka schloss sich einer der königstreuen Gruppierungen an, die einen Kleinkrieg im Südosten des Landes entfachte. Dabei sammelte er erste wichtige militärische Erfahrungen. Er machte Bekanntschaft mit Jan Sokol von Lamberg, einem begabten Soldaten, der Žižkas Talente erkannte und weiter förderte. Der einäugige Heerführer geriet schließlich in eine persönliche Fehde mit der mährischen Stadt Budweis, die 1400 seinen Bruder köpfen ließ. Erst auf persönliche Intervention Wenzels wurde die Fehde 1409 beendet.

Ein Jahr später folgte Žižka Jan Sokol mit einem böhmischen Aufgebot nach Polen. Wladislaw Jagiello, der polnische König, führte Krieg gegen die Ritter des Deutschen Ordens. Am 15. Juli 1410 kam es nahe den Dörfern Tannenberg-Grunwald zur vermutlich größten Schlacht des Mittelalters. Ob Žižka daran teilnahm ist nicht vollständig gesichert. Wenn er es tat, dann kämpfte er jedoch nicht an vorderster Front und verlor dabei auch kein Auge, wie spätere Legenden behaupten. Eine Teilnahme an dieser Schlacht konnte ihm wichtige Einblicke in die Kampfweise moderner Ritterheere vermittelt haben. Žižka hätte sowohl mit ansehen können, welch durchschlagende Wucht der Angriff der Ordensbrüder auf dem rechten polnisch-litauischen Flügel gegen leicht bewaffnete Truppen entwickeln konnte. Zugleich hätte er miterlebt dass die polnischen Ritter einige Probleme beim Sturm des Ordenstrosses hatten, der nach dem Brauch der Zeit in einer Wagenburg aufgefahren war.[165] Gesichert ist hingegen, dass Žižka nach der Schlacht mit einer böhmischen Garnison auf der eroberten Ordensburg Radzyn an der Weichsel stationiert war und sie gegen Rückeroberungsversuche der Deutschritter verteidigte.

Nach dem Frieden von Thorn 1411 kehrte er als geachteter Soldat und Kriegsheld nach Prag zurück. Sein Mentor Jan Sokol starb kurz darauf an einer Seuche. Žižka wurde eine Art Hauptmann der königlichen Leibwache, zumindest ist bekannt, dass er Königin Sofia zu den Predigten von Jan Hus in die Bethlehemkapelle begleitete. 1414 kaufte er ein Haus in der Prager Neustadt. In diesem Jahr wird er in den Registern der Stadt als portulanis regius, als königlicher Türwächter geführt. Bis zum Tode Wenzels schien Žižka zu seinen engeren Vertrauten zu zählen. Damit ist es durchaus denkbar, dass er in der königlichen Bibliothek auch die neuesten Werke über die Kriegskunst, wie Kyesers „Bellifortis" studierte. Nach dem ersten Prager Fenstersturz wurde er vom neuen Stadtrat jedoch zu einem der Hauptleute der Prager Stadtmiliz gewählt. Damit begann sein Aufstieg zum bedeutendsten militärischen Führer der Bewegung (mehr dazu im zweiten Band). 1421 verlor er bei der zweiten Belagerung der Burg Rabí sein gesundes Auge und erblindete nun vollständig. Dennoch bewies er, wohl auch dank des Rats seiner Hauptleute, ein bemerkenswertes Geschick bei der Auswahl seiner Schlachtfelder. Im gleichen Jahr erhielt er die kleine hölzerne Ordensburg Triebsch (Třebušín) zugesprochen. Žižka ließ sie aufwendig ausbauen und in Chalice (Kelch) umbenennen. Fortan nannte er sich Jan Žižka von Chalice.

165 *Zum Schlachtverlauf vor allem Heere & Waffen 7 (Iselt: Tannenberg 1410).*

Žižka galt als durchaus eigensinniger Heerführer mit strengen Prinzipien. In religiösen Fragen stützte er sich jedoch stets auf den Rat der Prager Magister. Zeit seines Lebens weigerte er sich, die hussitische Revolution nach außen zu tragen und führte einen rein defensiven Krieg. Sein Tod 1424 gab dem Konflikt schließlich ein anderes Gesicht.[166]

Žižka wurde zunächst in der Peter und Pauls Kirche in Königgrätz beigesetzt. Nachdem die Stadt 1437 Diviš Bořek z Miletínka in die Hände fiel, wurde sein Leichnam nach Čáslav umgebettet. Aber auch hier fand der Heerführer keine endgültige Ruhestätte. Fast zweihundert Jahre nach seinem Tod, im Zuge des katholischen Sieges in der Schlacht am Weißen Berg und der in Böhmen durchgeführten Gegenreformation wurde sein Grab zerstört. Der Legende zufolge wurden die Überreste erneut am städtischen Galgen begraben, tatsächlich ist über den Verbleib des Leichnams nichts bekannt.

Jan Želivský

Über die Geburt und die Jugendjahre Jan Želivskýs ist wenig bekannt. Erst nach dem Tod von Jan Hus taucht er als Prämonstratensermönch in den Quellen auf. Nachdem er eine Zeitlang im Süden Böhmens gepredigt hatte, kam er 1418 nach Prag, wo er die Lehren von Hus aufgriff und innerhalb kürzester Zeit einer der radikalsten Vertreter der Bewegung wurde. Želivský koppelte religiöse Ideen stark an soziale Forderungen, die letztendlich auf die Beseitigung der Stände abzielten. Seine Predigten kamen bei seinen Zuhörern gut an und er avancierte zu einer Art Volkstribun.

Am 30. Juli 1419 führte er den Sturm auf das Prager Rathaus an und war somit entscheidend am Ausbruch der Hussitischen Revolution beteiligt. Obwohl Želivský über keinerlei militärische Erfahrung verfügte, ließ er sich zum Hauptmann eines Prager Aufgebots wählen und wurde bald darauf auch Ratsherr. In der Folge begann er, gestützt auf seine ungebrochen große Beliebtheit beim einfachen Volk, seine politischen Gegner in der Landesversammlung mehr und mehr an den Rand zu drängen. Was Jan Želivský anstrebte ist nicht ganz deutlich. Fest steht, dass er stets zum radikalen Flügel der Bewegung zählte, deren Ansichten im Volk nicht mehrheitsfähig waren. Ob er lediglich die Interessen seiner Glaubensbrüder schützen wollte, oder selbst eine Form der religiös-politischen Diktatur anstrebte, ähnlich wie es 230 Jahre später Oliver Cromwell in England tat, lässt sich nicht mit Sicherheit klären.

1420 befehligte Želivský erstmals ein Aufgebot der Prager und Orebiten während eines Feldzuges in Ostböhmen. Als Feldheer bewies er wenig Geschick. Trotzdem zog er ein Jahr später erneut in den Krieg und versuchte die nordböhmische Stadt Brüx einzunehmen. Hier mussten die Hussiten jedoch am 5. August 1421 ihre erste empfindliche Niederlage gegen ein meißnisches Heer unter Friedrich den Streitbaren hinnehmen. Diese Niederlage brach Jan Želivský das politische Genick. Seine Gegner in der Landesversammlung gewannen Oberwasser und klagten ihn 1422 wegen diverser Gewalttätigkeiten während seiner Regentschaft an. Am 9. Juli 1422 wurde er vor dem Prager Rathaus enthauptet. Doch unter seinen Anhängern war Želivský immer noch sehr beliebt. Blutige Unruhen brachen in der böhmischen Hauptstadt aus, die sich unter anderem in einem Judenpogrom entluden.[167]

Nikolaus von Hus

Die Herkunft Nikolaus von Hus ist nicht vollständig gesichert. Er benannte sich ursprünglich nach dem Herrensitz Pístný, weswegen vermutet wird, dass er dort geboren wurde. Nikolaus genoss eine solide Ausbildung, was ihm eine Anstellung als Advokat beim Prager Hofgericht verschaffte. Er erhielt ein Lehen der Vyšehrader Burggrafschaft und wurde 1404 selbst Burggraf auf Hus bei Prachatitz. Wie sich seine Herrschaft gestaltete, ist jedoch nicht bekannt. Er baute gute Kontakte zu Heinrich von Rosenberg auf und verdiente sich auch als Söldner der Herzöge von Österreich. Von 1414 bis 1417 weilte er häufiger in Prag und knüpfte enge Kontakte zur hussitischen Bewegung. Den Protestbrief böhmischer Adliger auf die Verbrennung des Reformators unterschrieb er aber nicht. Doch kurz darauf überwarf er sich mit König Wenzel und wurde von diesem mit dem Bann belegt, was die Spaltung Nikolaus vom Haus der Luxemburger erklären würde. 1418 wurde der Bann zwar gelöst, dennoch schloss Nikolaus sich anschließend der hussitischen Bewegung an und wurde einer der ersten drei bedeutenden taboritischen Hauptleute. Nominell stand er sogar über Jan Žižka. Nikolaus war ein begabter Organisator, der Menschen mitreißen konnte. Gleichzeitig war er jedoch arrogant und hitzköpfig, wodurch er zeitlebens seine eigene Position unterhöhlte.[168]

Im Juni 1420 schlug er mit einer kleinen Reiterarmee die österreichischen Belagerungsstreitkräfte vor Tabor. Das er anschließend nicht zum bedrängten Prag zurück kehrte, werten viele als ein Zeichen des Aufruhrs gegen die wachsende Autorität Jan Žižkas. Erst im Oktober, als dieser die Stadt bereits wieder verlassen hatte, kehrte Hus mit einem kleinen Reitertrupp an die Moldaumetropole zurück, um sich an der Belagerung des alten Burgberges zu beteiligen. Als Žižka im Dezember wieder in die Stadt einrückte, kam es zu offenen Auseinandersetzungen zwischen ihm und Hus über die Fortsetzung des Krieges. Hus wollte die Stadt beleidigt verlassen. Doch er stürzte vom Pferd, brach sich ein Bein und zog sich schwere Verletzungen am Brustkorb zu. Obwohl er befürchtete, dass die Prager ihn ermorden wollten, wurde ihm die beste Behandlung zuteil. Die Ärzte konnten zwar sein Bein richten, nicht jedoch die schweren Verletzungen am Torso heilen, an denen Nikolaus am Weihnachtstag 1420 verstarb.[169]

Andreas Prokop

Einer der bekanntesten Führer der national-böhmischen Bewegungen hatte ausgerechnet deutsche Wurzeln. Der Vater von Andreas Prokop war der deutsche Kaufmann Jan Cach, der sich in Prag niedergelassen hatte. Andreas kam vermutlich um 1380 in der Nähe der späteren Stadt Tabor zur Welt. Er studierte Theologie an der Prager Universität und wurde später Pfarrer in der Hauptstadt. Hier schloss er sich jedoch bald der Lehre von Jan Hus an. Andreas Prokop entwickelte sich nach dem Tod des Reformators zu einem der radikaleren Vertreter des Hussitentums. Nachdem die Bürger von Prag mit der königlichen Besatzung einen Waffenstillstand

166 *Zur Biografie vor allem* Tomek: *Jan Žižka;* Verney: *Warrior of God. Verney stützt sich jedoch in vielen Angaben auf überalterte literarische Darstellungen und ist nur mit Vorsicht zu genießen.*

167 *Vgl.:* Palacký: *Der Hussitenkrieg 1419-1431, S. 50-286.*

168 *Vgl.:* Šmahel: *Hussitische Revolution I, S. 248.*

169 *Vgl.:* Šmahel: *Hussitische Revolution II, S. 1090, 1116.*

schlossen, verließ er die Hauptstadt und zog 1420 nach Tabor. Prokop wurde zu einem Protegé Jan Želivskýs. Als der junge Priester während der Pikardeunruhen verhaftet wurde, war es Želivský, der ihn befreien ließ. Bis zum Tode Žižkas 1424 ist nur wenig über sein Wirken bekannt. In diesem Jahr tritt er jedoch als Feldhauptmann der Taboriten in Erscheinung. Er wurde auch „der Kahle“ genannt, weil er entgegen der Tradition hussitischer Priester keinen Bart trug (und nicht, wie teilweise behauptet, wegen seiner Mönchstonsur).

Eine frühneuzeitliche Darstellung von Andreas Prokop.
Zeitgenössische Porträts des Hussitenführers existieren leider nicht.
Lizenziert unter Gemeinfrei über Wikimedia Commons

Bis 1426 etablierte sich Andreas Prokop als der neue militärische Kopf der Bewegung. Žižka war zwar stets dagegen gewesen, dass Priester militärische Aufgaben übernahmen, aber Prokop bewies, dass er ihm in Sachen taktisches und strategisches Geschick nicht nur nahe kam, sondern in seiner politischen Umsichtigkeit sogar übertraf. Er errang eine Reihe spektakulärer Siege bei Aussig (1426), Zwettel und Tachau (1427), die sogar die Erfolge Žižkas in den Schatten stellen. Anders als der blinde Heerführer verließ sich Prokop jedoch nicht nur auf die Verteidigung Böhmens, sondern gedachte das Hussitentum auch nach außen zu tragen. Ab 1427 unternehmen die Taboriten, Waisen und Orebiten unter seiner Führung daher immer größere Feldzüge nach Polen, Schlesien, in die Lausitz, Sachsen, Bayern, Österreich und Ungarn. Diese „herrlichen Heerfahrten“ waren jedoch auch aus der wirtschaftlichen Not heraus geboren, denn das durch mehrere Kreuzzüge ausgesogene Böhmen war kaum noch in der Lage, die vielen Feldheere zu versorgen.[170]

Nachdem Prokop 1431 bei Domažlice erneut ein Kreuzfahrerheer vernichtete, versuchte König Sigismund die anhaltenden Kriege zu beenden, indem er Vertreter der Hussiten zum Kirchenkonzil nach Basel einlud. Auch Andreas Prokop erschien als Sprecher der Taboriten in der Bischofsstadt. Er zeigte sich jedoch in den Verhandlungen als nicht kompromissbereit und da das Leben in der Stadt sehr teuer war, verließ er Basel nach wenigen Wochen. Die von den Utraquisten ausgehandelten sogenannten Prager Kompaktakten erkannte er nicht an. Als sich daraufhin 1434 ein Heer der befriedeten Hussiten sammelte und gegen die radikalen Taboriten und Waisen zu Felde zog, stellte sich Prokop mit seinen unterlegenen Truppen am 30. Mai bei Lipany zur Schlacht. Doch dem Feldherrn der Prager, Diviš Bořek z Miletínka, gelang es, Prokop zu überlisten und die Wagenburg zu stürmen. Bei dem anschließenden Handgemenge wurde Andreas Prokop getötet. Sein Tod und die Niederlage der Taboriten markieren einen wichtigen Endpunkt der Bewegung.[171]

Jan Čapek ze Sán

Als Mitglied des niederen böhmischen Adels tritt Jan Čapek ze Sán erst sehr spät ins Licht der Geschichte. Er entstammte einem ostböhmischen Geschlecht und war Besitzer des kleinen Landgutes Slány. Vermutlich wurde er zwischen 1390 und 1400 geboren. In den Quellen taucht er erstmals als Hauptmann eines hussitischen Heeres auf, dass 1427 in Schlesien einfiel. Auf diesem Feldzug wurde Jan Čapek ze Sán bei Nachod schwer geschlagen. Diese Schlacht offenbart die Charakteristika, die der Feldherr auch in den folgenden Jahren immer wieder an den Tag legen sollte. Es fehlte Jan Čapek nicht an Mut und Tatendrang, aber an taktischer Umsicht. Vier Jahre später kommandierte er ein Feldheer der Waisen, das gemeinsam mit den Taboriten unter Prokop in die Slowakei vorstieß. Hier zerstritten sich die beiden Feldherren jedoch über Fragen der Beuteaufteilung. Prokop machte kehrt und Jan Čapek führte den Feldzug allein fort. Zwar machten die Waisen reiche Beute, doch auf ihrem Rückmarsch wurden sie von ungarischen Aufgeboten verfolgt und schwer geschlagen. Sie verloren fast zwei Drittel ihrer Männer.

Trotz dieser militärischen Rückschläge führte Jan Čapek ze Sán 1433 ein Heer der Waisen in die Neumark, wo er sich mit einer polnischen Armee zusammenschloss und den Deutschordensstaat angriff. Unter seiner Führung drangen die Hussiten bis an die Strände der Ostsee vor, wo auch Jan Čapek zum Ritter geschlagen wurde. Wie kaum ein anderer hussitischer Heerführer nutzte Čapek die Herrlichen Heerfahrten vor allem auch zu seiner persönlichen Bereicherung. Er zeichnete sich in dieser durch Brutalität und religiösen Fanatismus geprägten Zeit durch besondere Grausamkeit aus.

Auf der Rückkehr von seinem Feldzug an die Ostsee schloss sich Čapeks Heer den hussitischen Belagerungstruppen vor Pilsen an. Nachdem ein größerer Fouragiertrupp dieser Armee auf einem Zug in der Oberpfalz bei Hiltersried vernichtend geschlagen worden war, kam es zu einem Aufstand, infolgedessen der taboritische Führer Prokop vorrübergehend inhaftiert wurde. Jan Čapek übernahm zeitweise den Befehl über die Belagerungsarmee, konnte Pilsen jedoch auch nicht zu Fall bringen. Im Sommer 1434 vereinigte er sein Heer erneut mit den Taboriten unter dem wieder eingesetzten Prokop und kämpfte in der Schlacht bei Lipany. Wie schon bei Nachod ließ er sich zu früh mit seinen Truppen aus der sicheren Wagenburg locken, um die vermeintlich geflüchteten Feinde zu verfolgen. Als die Truppen des Herrenbundes schließlich die Wagenburg gestürmt hatten und Prokop gefallen war, floh Jan Čapek vom Schlachtfeld, was ihm im Nachhinein als

170 *Vgl.: Šmahel: Prokop, Sp. 45.*

171 *Vgl.: Šmahel: Prokop, Sp. 245.*

Verrat ausgelegt wurde. In der Prager Neustadt beschlagnahmte der Herrenbund später 5.000 Schock Groschen, die er während der Heerfahrten erbeutet hatte. Für die damalige Zeit war dies ein beachtliches Vermögen.[172]

Jan Čapek musste Böhmen verlassen. 1438 erwarb er die ostmährische Burg Hukvaldy, von wo er auf eigene Faust Raubzüge nach Ungarn und Polen durchführte. Als Gefolgsmann des polnischen König Wladislaws III. nahm er 1443 an einem Feldzug gegen Ungarn teil. Im darauffolgenden Jahr kämpfte Čapek in einem Kreuzzug gegen die Türken in der Schlacht bei Warna. Danach trat er in die Dienste des ungarischen Woiwoden Jan Jiskra von Brandeys. 1445 heiratete er Hedwig Petřvaldská. Es war bereits seine zweite Ehe. Aus der ersten war eine Tochter hervorgegangen, die zur selben Zeit Jan Talafús von Ostrov, einen Gefolgsmann Jan Jiskras heiratete. Auch Hedwig war bereits einmal verheiratet gewesen und brachte zwei Söhne mit in diese Ehe. Jan Čapek starb vermutlich 1452 auf seiner Burg Hukvaldy.

Diviš Bořek z Miletínka

Diviš Bořek z Miletínka gehörte dem armen böhmischen Landadel an. Bereits zu Zeiten von Jan Hus bekannte er sich zu dessen Lehren. Mit dem Ausbruch der Hussitenkriege schloss er sich dem Heer Jan Žižkas an. Es ist nicht bekannt, ob Miletínka vorher bereits militärische Erfahrung besaß, aber in den andauernden Feldzügen erwarb er einen tiefen Einblick in die Vorgehensweise des blinden Heerführers.

Mit der zunehmenden Radikalisierung Žižkas entfremdete sich Diviš Bořek z Miletínka jedoch von ihm. Er selbst blieb Zeit seines Lebens ein gemäßigter Utraquist. 1421 zog er in den Osten Böhmens und baute die verfallene Burgruine von Kunětická Hora zu seinem Stammsitz aus. In den folgenden Monaten führte er mehrere Feldzüge in Ostböhmen und Mähren durch, die sich nun teilweise auch gegen die radikalen Taboriten und Orebiten richteten. Im April 1423 besiegte er an der Seite Jan Žižka ein katholisches Heer in der Schlacht bei Horschitz. Die von ihm geführte hussitische Reiterei rieb die fliehenden Verfolger in einer gnadenlosen Verfolgung fast vollständig auf. Doch schon wenige Monate später entzweiten sich die beiden Heerführer. Anscheinend versuchte Miletínka seinen Bruder Jetrich als Administrator in Königgrätz zu etablieren. Die Ratsherren waren unglücklich mit dieser Wahl und baten Žižka um Unterstützung. Jan Žižka vertrieb Jetrich und trieb Miletínka somit in das Lager des sich formierenden Herrenbundes. Wenig später wurde Miletínka allerdings von seinem alten Lehrmeister bei Strážnice selbst schwer geschlagen.[173]

Seinem Ruf als Heerführer tat diese Niederlage jedoch keinen Abbruch. Miletínka operierte weiter im Osten des Königreiches, wurde Hauptmann von Chrudim und Leitomischl. 1427 riefen ihn die Bürger von Kolin um Hilfe, als sich das Heer Prokops des Großen der Stadt näherte. Miletínka konnte Kolin drei Monate lang verteidigen. Doch als die Lebensmittel knapp wurden, verrieten einige Bürger den Heerführer und zwangen ihn, in eine Kapitulation einzuwilligen. Durch diplomatisches Geschick gelang es ihm allerdings gegen die Zahlung eines Lösegeldes einen freien Abzug für sich und seine Getreuen auszuhandeln.

172 Durdík: *Hussitisches Heerwesen, S. 247.*

173 *Vgl.:* Šmahel: *Hussitische Revolution II, S. 1293-1294.*

Nachdem sich die Masse der Utraquisten durch die Prager Kompaktakten mit König Sigismund ausgesöhnt hatten und gegen die Radikalen zu Felde zogen, wählten sie Miletínka zu ihrem Feldhauptmann.

Es war eine glückliche Entscheidung, denn durch seine Erfahrung gelang es ihm am 30. Mai 1434 Andreas Prokop bei Lipany in eine Falle zu locken und vernichtend zu schlagen. Miletínka sollte neben dem Meißner Markgrafen Friedrich dem Streitbaren der einzige Heerführer dieser Zeit sein, dem es gelang eine hussitische Wagenburg in einer großen Feldschlacht einzunehmen. Zum Dank wurde er von Sigismund mit Ländereien rund um seine Burg Kunětická Hora und bei Pardubitz ausgestattet. 1437 starb Diviš Bořek z Miletínka, als der vielleicht umsichtigste Heerführer dieser Zeit neben Jan Žižka.[174]

DIE BEDEUTUNG DES HUSSITISCHEN HEERWESENS FÜR DIE MILITÄRGESCHICHTE

Eine Reihe westeuropäischer Historiker sind der Meinung, dass das hussitische Heerwesen keinen dauerhaften Beitrag zur Weiterentwicklung spätmittelalterlicher Heere lieferte und die Wagenburg als taktisches System die Hussitenkriege kaum überdauerte. So kommt der deutsche Militärhistoriker Siegfried Fiedler zu dem Schluss: *„Ihre anderthalb Jahrzehnte dauernden Kriege (1419-1434) waren von nachhaltiger Wirkung auf die Umwelt, doch haben sie im weiteren militärischen Entwicklungsgang keinen grundlegend revolutionären Wandel verursacht.“*[175]

Dem widerspricht der ungarische Historiker László Veszprémy, dessen Fokus sich viel stärker auf den Einfluss des hussitischen Kriegswesens in Osteuropa richtet: *„Ebenfalls von großer Bedeutung waren die hussitischen Unruhen in Böhmen im 15. Jahrhundert, welche zum Motor einer militärischen Modernisierung der Region wurden. Den Hussiten gelang es, die deutschen Reichsheere viele Jahre lang zu schlagen und Hussiten dienten als Söldner in jedem Land dieser Region.“*[176]

Dennoch muss fest gehalten werden, dass die Innovationen auf das westeuropäische Heerwesen wenig Einfluss hatten. Ihr moderner Einsatz der Artillerie machte für 100 Jahre wieder einer konservativen, überwiegend auf Belagerungen beschränkte Nutzung Platz, bis die burgundischen Heere Karls des Kühnen bewegliche Feldartillerie zum festen Bestandteil moderner Heere werden ließen. Und auch wenn böhmische Söldner im 15. Jahrhundert gerade im Reich sehr begehrt waren, so ging die „Revolution der Infanterie“ doch von den Gewalthaufen der Schweizer Söldner mit ihren meterlangen Piken aus, die wesentlich mehr Angriffswucht entwickelten, als die vergleichsweise kurzen Stangenwaffen der Hussiten.[177]

174 *Vgl.:* Palacký: *Der Hussitenkrieg 1419-1431, S. 101-450.*

175 *Zit.:* Fiedler: *Taktik und Strategie, S. 190.*

176 *Zit.:* Veszprémy: *State and military affairs, S. 99.*

177 *Vgl.:* Rogers: *Tactics, S. 204-208.*

QUELLEN

Urkunden aus Editionen werden im Text immer zunächst mit der Editionsnummer und dann mit der betreffenden Seitenzahl zitiert.

Codex Diplomaticus Saxoniae Regiae I B 4: Die Urkunden der Markgrafen von Meißen und Landgrafen von Thüringen 1419-1427, Leipzig- Dresden 1941 [zit.: CDS I B 4].

Codex Diplomaticus Saxoniae Regiae II 5. Urkundenbuch der Städte Dresden und Pirna, Leipzig 1875 [zit.: CDS II 5].

Codex Diplomaticus Saxoniae Regiae II 8. Urkundenbuch der Stadt Leipzig, Leipzig 1868 [zit.: CDS II 8].

Die Hussiten. Die Chronik des Laurentius von Brezová 1414-1421. Aus dem Lateinischen und Alttschechischen übersetzt, eingeleitet und erklärt von Josef Bujnoch, Graz – Wien – Köln 1988 [zit.: Laurentius-Chronik].

HASSENSTEIN, Wilhelm: Das Feuerwerkbuch von 1420. Neudruck des Erstdrucks von 1529 mit Übertragung ins Hochdeutsche und Erläuterungen, München 1941 [zit.: HASSENSTEIN: Feuerwerkbuch].

PALACKÝ, František: Urkundliche Beiträge zur Geschichte der Hussitenkrieg in den Jahren 1419-1436. 2 Bde., Prag 1873 [zit.: PALACKÝ: Urkundliche Beiträge I&II].

LITERATUR

BEAUFORT-SPONTIN, Christian: Das neue Antlitz des Ritters: Die Hundsgugel, in: BLOH, Jutta Charlotte von/ SYNDRAM, Dirk/ STREICH, Brigitte: Mit Schwert und Kreuz zur Kurfürstenmacht. Friedrich der Streitbare, Markgraf von Meißen und Kurfürst von Sachsen (1370-1428), München 2007, S. 60-62 [zit.: BEAUFORT-SPONTIN: Hundsgugel].

BERGER, Heiko: Von der Kampfkraft der Hussiten, in: BLOH, Jutta Charlotte von/ SYNDRAM, Dirk/ STREICH, Brigitte: Mit Schwert und Kreuz zur Kurfürstenmacht. Friedrich der Streitbare, Markgraf von Meißen und Kurfürst von Sachsen (1370-1428), München 2007, S. 100-109 [zit.: BERGER: Kampfkraft der Hussiten].

BLEICHER, Michaela: Das Herzogtum Niederbayern. Straubing in den Hussitenkriegen. Kriegsalltag und Kriegsführung im Spiegel der Landschreiberrechnung. Inaugural – Dissertation zur Erlangung der Doktorwürde der Philosophischen Fakultät III (Geschichte, Gesellschaft und Geografie der Universität Regensburg, Regensburg 2004 [zit.: BLEICHER: Das Herzogtum Niederbayern].

BOEHEIM, Wendelin: Handbuch der Waffenkunde, Leipzig 1890 [zit.: BOEHEIM: Waffenkunde].

DELBRÜCK, Hans: Geschichte der Kriegskunst Bd. III Das Mittelalter. Von Karl dem Großen bis zum späten Mittelalter, Berlin 2000 [zit.: DELBRÜCK: Geschichte der Kriegskunst].

DEMMIN, August: Die Kriegswaffen in ihrer historischen Entwicklung von der Steinzeit bis zur Erfindung des Zündnadelgewehrs, Leipzig 1869 [zit.: DEMMIN: Die Kriegswaffen].

DURDÍK, Jan: Hussitisches Heerwesen. Berlin 1961 (zit.: DURDÍK: Hussitisches Heerwesen].

DOLÍNEK, Vladimír/ DURDÍK, Jan: Historische Waffen, Augsburg 1996 [zit.: DOLÍNEK/DURDÍK: Historische Waffen].

ERMISCH, Hubert: Zur Geschichte der Schlacht bei Außig, in: NASG 47 (1926), S. 5-45 [zit.: ERMISCH: Schlacht bei Außig].

FELDHAUS, Franz Maria: Kyeser, Conrad, in: Allgemeine deutsche Biografie Bd. 52, Leipzig 1906, S. 768-769 [zit.: FELDHAUS: Kyeser].

FIEDLER, Siegfried: Taktik und Strategie der Landsknechte 1500-1650, Bonn 1985 [zit.: FIEDLER: Taktik und Strategie].

GUNDRAM, Ralph: Döbeln und die Hussiten. Der hussitische Feldzug 1429/30 zwischen Elbe und Mulde in Legende und Wirklichkeit, Döbeln 2007 [zit.: GUNDRAM: Döbeln und die Hussiten].

GRINTZER, E.: Die Einnahme und Zerstörung der Stadt Plauen i. V. durch die Hussiten im Jahre 1430, in: NASG 33 (1912), S. 142-145 [zit.: GRINTZER: Zerstörung der Stadt Plauen].

HARMUTH, Egon: Die Armbrust. Ein Handbuch, Graz 1986 [zit.: HARMUTH: Armbrust].

HILSCH, Peter: Johannes Hus. Prediger Gottes und Ketzer, Regensburg 1999 [zit.: HILSCH: Johannes Hus].

ISELT, Gerald: Tannenberg 1410. Die Belagerung der Marienburg 1410, Berlin 2008 [zit.: ISELT: Tannenberg 1410].

KEJŘ, Jiří: Die Hussitenrevolution, Prag 1988.

KORSCHELT, Johann Gottlieb: Kriegsdrangsale der Oberlausitz zur Zeit des Hussitenkrieges, in: Neues Lausitzisches Magazin 44 (1868), S. 173-186 [zit.: KORSCHELT: Kriegsdrangsale der Oberlausitz].

KROCKER, Ernst: Sachsen und die Hussitenkriege, in: NASG 21 (1900), S. 1-39 [zit.: KROCKER: Sachsen und die Hussitenkriege].

KROENER, Bernhard R.: Kriegswesen, Herrschaft und Gesellschaft 1300 – 1800, München 2013 [zit.: KROENER: Kriegswesen].

KRZENCK, Thomas: Die Hussitenkriege, Sachsen und Leipzig, in: HEHL, Ulrich von (Hrsg.): Stadt und Krieg. Leipzig in militärischen Konflikten vom Mittelalter bis ins 20. Jahrhundert, Leipzig 2015, S. 51-69 [zit.: KRZENCK: Hussitenkriege].

LINDAU, Wilhelm Adolf: Die Schlacht bei Aussig. Romantische Bilder aus dem 15. Jahrhundert, Leipzig 1849 [zit.: LINDAU: Schlacht bei Aussig].

LUGS, Jaroslaw: Handfeuerwaffen. Systematischer Überblick über die Handfeuerwaffen und ihre Geschichte, Band 1, Berlin 1977 [zit.: LUGS: Handfeuerwaffen].

MACEK, Josef: Die Hussitische Revolutionäre Bewegung, Berlin 1958 [zit.: MACEK: Revolutionäre Bewegung].

MACHILEK, Franz: Hus und die Hussiten in Franken, in: Jahrbuch für fränkische Landesforschung 51 (1991), S. 15-37 [zit.: MACHILEK: Hussiten in Franken].

MCLACHLAN, Sean: Medieval Handgonnes. The first Black Powder Infantry Weapons, Oxford 2010 [zit.: MCLACHLAN: Medieval Handgonnes].

MEINHARD, Matthias: Dresden und die Ketzerbewegung, in.: BLOH, Jutta Charlotte von/ SYNDRAM, Dirk/ STREICH, Brigitte: Mit Schwert und Kreuz zur Kurfürstenmacht. Friedrich der

Streitbare, Markgraf von Meißen und Kurfürst von Sachsen (1370-1428), München 2007, S. 110-113 [zit.: MEINHARD: Dresden und die Ketzerbewegung].

NICHOLSON, Helen: Medieval Warfare. Theorie and Practice of War in Europe 300 - 1500, New York 2004 [zit.: NICHOLSON: Medieval Warfare].

PALACKÝ, František: Geschichte von Böhmen. Größtentheils nach Urkunden und Handschriften, Bd. 3 Abt. 2. Der Hussitenkrieg, von 1419-1431, Prag 1851 [zit.: PALACKÝ: Der Hussitenkrieg 1419-1431].

POLÍVKA, Miloslav: Die Handelsbeziehungen zwischen Nürnberg und den böhmischen Ländern während der hussitischen Revolution (1419-1434), in: MACHILEK, Franz: Die hussitische Revolution. Religiöse, politische und regionale Aspekte, Wien - Köln - Weimar 2012, S. 163-180 [zit.: POLÍVKA: Handelsbeziehungen].

POPPOLOW, Marcus: Militärtechnische Bildkataloge des Spätmittelalters, in: KORTÜM, Hans-Henning (Hrsg.): Krieg im Mittelalter, Berlin 2001, S. 251-268 [zit.: POPPOLOW: Militärtechnische Bildkataloge].

PURTON, Peter: A History Of The Late Medieval Siege 1200-1500, Woodbridge 2010 [zit.: PURTON: Late Medieval Siege].

RICHTER, O.: Ein hussitischer Spion, in: NASG 7 (1886), S.145-146 [zit.: RICHTER: Hussitischer Spion].

RIEDER, Heinz: Die Hussiten. Streiter für Glauben und Nation, Gernsbach 1998 [zit.: RIEDER: Die Hussiten].

ROGERS, Clifford J.: Tactics and the face of battle, in: Tallett, Frank/ Trim, David J.B.: Eurpean Warfare 1350-1750, Cambridge 2010, S. 203-235 [zit.: ROGERS: Tactics].

ROYT, Jan: Hussitische Bildpropaganda, in: EBERHARD, Winfried/ MACHILEK, Franz (Hrsg.): Kirchliche Reformimpulse des 14./ 15. Jahrhunderts in Ostmitteleuropa, Köln 2006, S. 341-356 [zit.: ROYT: Hussitische Bildpropaganda].

SEIBT, Ferdinand: Hussitica. Zur Struktur einer Revolution, Köln 1990 [zit.: SEIBT: Hussitica].

SEIBT, Ferdinand: Die Hussitische Revolution, in: DERS.: Hussitenstudien, München 1991, S. 79-96 [zit.: SEIBT: Die Hussitische Revolution].

SEIBT, Ferdinand: Zur Entwicklung der Böhmischen Staatlichkeit 1212 - 1471, in: DERS.: Hussitenstudien, München 1991, S. 133-151 [zit.: SEIBT: Entwicklung der Böhmischen Staatlichkeit].

SEIBT, Ferdinand: Konrad von Vechta, in: DERS.: Hussitenstudien, München 1991, S. 241-252 [zit.: SEIBT: Konrad von Vechta].

SEIBT, Ferdinand: Tabor und die europäischen Revolutionen, in: DERS.: Hussitenstudien, München 1991, S. 175-184 [zit.: SEIBT: Tabor].

SCHMIDTCHEN, Volker: Bombarden, Befestigungen, Büchsenmeister. Von den ersten Mauerbrechern des Mittelalters zur Belagerungsartillerie der Renaissance, Düsseldorf 1977 [zit.: SCHMIDTCHEN: Bombarden, Befestigungen, Büchsenmeister].

SCHMIDTCHEN, Volker: Karrenbüchse und Wagenburg. Hussitische Innovationen zur Technik und Taktik des Kriegswesens im späten Mittelalter. In: Volker Schmidtchen/ Eckhard Jäger (Hrsg.): Wirtschaft, Technik und Geschichte. Beiträge zur Erforschung der Kulturbeziehungen in Deutschland und Osteuropa. Berlin 1980, S. 83-108 [zit.: SCHMIDTCHEN: Karrenbüchse und Wagenburg].

SCHMIDTCHEN, Volker: Kriegswesen im späten Mittelalter. Technik, Taktik, Theorie, Bochum 1990 [zit.: SCHMIDTCHEN: Kriegswesen].

Šmahel, František: Prokop/ 3. Pr. d. Gr., in: Lexikon des Mittelalters. Band 7, München 1995, Sp. 245 [zit.: Šmahel: Prokop].

Šmahel, František: Die Hussitische Revolution. 3 Bände (= MGH-Schriften 43/I-III), Hannover 2002 [zit.: Šmahel: Hussitische Revolution 1-3].

STÖLLER, Ferdinand: Österreich im Kriege gegen die Hussiten (1420-1436), in: Jahrbuch für Landeskunde von Niederösterreich 22 (1929), S. 1-87 [zit.: STÖLLER: Österreich im Kriege gegen die Hussiten].

TOMAN, Hugo: Das hussitische Kriegswesen in der Zeit **Žižka**s und Prokops, Prag 1898 [zit.: TOMAN: Das hussitische Kriegswesen].

TOMEK, Václav Vladivoj: Jan Žižka, Prag 1879 [zit.: TOMEK: Jan Žižka].

TURNBULL, Stephen: The Hussite Wars 1419-1436, Oxford 2004 [zit.: TURNBULL: Hussite Wars].

TRESP, Uwe: Söldner aus Böhmen. Im Dienst deutscher Fürsten: Kriegsgeschäft und Heeresorganisation im 15. Jahrhundert, Paderborn 2004 [zit.: TRESP: Söldner aus Böhmen].

TRESP, Uwe: Markgraf Wilhelm I. von Meißen und Böhmen. Die „Belagerung von Prag (1401), in: Markgraf von Meissen (1346-1407), Dresden 2009, S. 43-53 [zit.: TRESP: Die Belagerung von Prag 1401].

VERNEY, Victor: Warrior of God Jan Žižka and the Hussite Revolution, London 2009 [zit.: VERNEY: Warrior of God].

VESZPRÉMY, László: The state and military affairs in east-central Europe, 1380 – c. 1520, in: TALLETT, Frank/ TRIM, David J.B.: Eurpean Warfare 1350-1750, Cambridge 2010, S. 96-109 [zit.: VESZPRÉMY: State and military affairs].

WILLIAMS, Gareth: The mace. Countering the armoured opponent, in: Medieval Warfare 4 (2014), S. 34-35 [zit.: WILLIAMS: The mace].

WINKLER, Karl: Die Schlacht bei Hiltersried, Würzburg 1939 [zit.: WINKLER: Hiltersried].

WULF, Max von: Die hussitische Wagenburg, Berlin 1889 [zit.: WULF: Wagenburg].

ZEUNE, Joachim: Hussitenzeitliche Wehrelemente an Burgen der Hassberge, in: Burgenforschung aus Sachsen 17/2 (2004), S. 130-152 [zit. ZEUNE: Hussitenzeitliche Wehrelemente].